U0163984

韓廷一 著

分合歷史

——超時空人物訪談

自序

《超時空人物訪談》從《挑戰歷史》(第一集)、《顛覆歷史》(第二集)、《八卦歷史》(第三集)、《黑白歷史》(第四集),到如今堂堂進入第五集;卻不知要命名為「什麼」歷史。

這學期指導學生研讀《三國演義》。「話說天下大勢,分久必合,合久必分」。這是《三國演義》開卷第一句話,因此,擬命名本書為《分合歷史》。

講到《分合歷史》,使我想起一九八八年一月十三日蔣經國先生一去世,第二天上午十點就接到人事單位電話叫我立刻到國父紀念館報到上班——真不知道這是巧合?還是我的「思想問題」與「政治放逐」,果真隨著蔣經國的「人去」而「禁解」?我也懶得管它。七年多來(從一九八二年起)為了再度謀一噉飯之所,吃盡了閉門羹;如今一朝解禁,正如金聖

歎所說的「不亦快哉」！

那時節，海峽兩岸分別高唱著：「一國兩制，和平統一」VS.「三民主義統一中國」。我為了響應這一「時代號召」，寫了不少「統派」的論文，也常利用機會奔走兩岸以及海外，傳播我的主張，不外：

㈠肯定中國共產黨在「維護民族尊嚴，提昇國家地位」方面的努力成果；肯定兩岸其他政黨（那時候民進黨還是「違法政黨」）在「維護基本人權，促進民主政治」方面的努力成果；肯定中國國民黨在「改善人民生活，創造經濟奇蹟」方面的努力成果。

㈡以「中國」為國名，以「中華民國」、「中華人民共和國」為國號。

㈢以「國旗歌」（山川壯麗，物產豐隆……）為國歌，以「青天白日滿地紅旗」為國旗（其前提國民黨必須「割捨」其黨徽黨旗），以「義勇軍進行曲」（現今中華人民共和國國歌）為民族進行曲。

㈣「三民主義，吾黨所宗」回歸為中國國民黨黨歌；五星旗回歸為中國共產黨黨旗。

並以《孟子》：「唯仁者，為能以大事小，是故湯事葛，文王事昆夷；唯智者，為能以小事大，故太王事獯鬻，勾踐事吳。以大事小者樂天者也，以小事大者畏天者也；樂天者保天下，畏天者保其國。」三思老子：「大國以下小國，則取小國；小國以下大國，則取大國……。大國不過欲兼畜人，小國不過欲入事人。夫兩者各得所欲……」勗勉兩岸領導人，在政治上翻雲覆雨，各顯神通之餘，多一點哲學修養（見〈兩岸關係的過去、現在與未來〉《中山思想學術論文集》），一九九七年國父紀念館出版。

這篇論文，先後在島內公開發表不下五十場次之多。台灣真是個可愛的地方，「人各一把號，各吹各的調」，當場固然有人鼓掌叫好，但事後卻也「言者諄諄，聽者藐藐」焉。

接著，我也在香港理工學院、澳門東亞大學，以及美東、美西，東南亞，星、馬、菲、泰，日、英等地某些學術團體演講過，卻也免不了有點「事不關己，隔靴搔癢」之感。

一九九一年十月我到上海、南京等相關「對口」單位（指有關國父的故居館舍、陵寢……）訪問，在南京「臨時大總統府」與江蘇省台辦官員舉行座談會。我適時提出上述「統一方案」的演說，語音才落，不聞鼓掌

叫好之聲，但見一位官員，捲起袖子，欲作打架狀說：「不行！我們共產黨人歷經二十八年（指一九二一年到一九四九年）的努力，流汗、流血，就是為了爭這面旗子……。」

我當時一陣錯愕，心想：「中國人到了這個節骨眼，難道還要為這『五角星星』與『十二角星星』的圖騰（totem）之爭，拚個你死我活嗎？」

當下就跟我太太說：「海峽兩岸的統一，過個二十年再看看吧！」到如今已屆十五年，兩岸越行越遠，永不交集——「飛彈對準說」、「台灣獨立論」、「去中國化」……響徹雲霄。

不久，我辦理自願退休，埋首書房從歷史中尋找答案：

㈠明守備王夢熊與荷蘭之戰（一六二四年）；

㈡清水師提督施琅征台之戰（一六八三年）；

㈢法海軍少將李士卑（Lespes）犯基隆之役（一八八四年）；

㈣日海軍司令伊東祐亨攻澎湖之戰（一八九五年）；

㈤……

其「公式」莫不是：攻擊的一方，開了軍艦在澎湖六十四個任一小島中，插上一面不同的旗幟，台灣這邊立刻有人收拾細軟，乘著「空軍一號」落跑——別忘了讓「江俠」總經理搭個便機；有人挾六千一百億的巨款預備乘外輪潛逃；有人跳樓、燒炭自殺；有人哭泣舉雙手投降……一如當年「台灣民主國」的下場。即便你有飛彈、潛艇、坦克都不管用，因為這些裝備並不能「自走的」！

想當年，蔣介石以及一群「泛藍」人士，硬說毛澤東以及那群「泛紅」人士不是中國人，從而進行超過半個世紀的血拚，弄得國破家亡，妻離子散……，到如今，李登輝以及一群「泛綠」人士，自外於中國人，又要進行另一場世紀之戰的鬥爭。中國人啊！你什麼時候，才會停止血染山河之爭？

我深信歷史的巨輪，永遠重複上演！「天佑台灣」，阿門！

是為序！

目錄

貳、爭議篇

參、文學篇

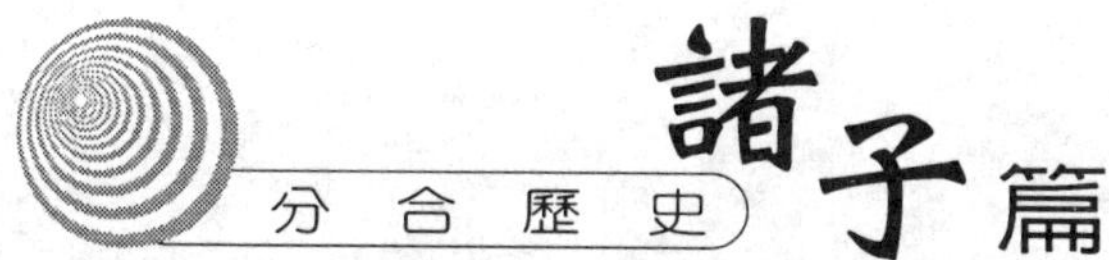
分合歷史
諸子篇

拔一毛以利天下，不為也！

～楊子（朱）訪問記～

在私有財產的社會裡，「個人主義」是個必然性的產物。絕對的個人主義者，堅守「損一毫利天下，不與也，悉天下奉一身，不取也。人人不損一毫，人人不利天下，天下治矣！」

楊朱的「不損」不單指他個人的「不損」，而是人人都「不損」，其真意並不在於自私之說。他不願拔一毛，同時也不願拔他人之一毛；要是人人都不拔一毛，人人都不會妄想別人拔毛。這樣的話，天下就大治，很合乎儒家「萬物並育而不相害」（《中庸・三十章》句）之說；不然的話，有人拔毛以利天下，有人就成天等人拔毛，甚而野心家到處去鼓吹人家拔毛以利物濟眾，進而叫人「犧牲小我，完成大我」，完成征服世界的野心。

「楊朱、墨翟之言盈天下，天下之言，不歸於楊，即歸於墨」

（《孟子・滕文公下》），可見當時風靡的程度；可是孟子又為什麼齜牙咧嘴的大罵人家：「楊氏為我，是無君也；墨氏兼愛，是無父也。無父無君是禽獸也！」（同上）

楊子有話要說！

一、自利利人，自私私人

楊：我姓楊名朱，字子居。

記：您這名與字可有何種關係？

楊：屬於「同訓」。

記：怎麼說？

楊：你可知道這朱是何含義？

記：朱者正赤色，「朱紫」乃貴官、大官的服色。

楊：那「朱門」呢？

記：顯然，指的是富貴人家，杜甫不是有詩：「朱門酒肉臭，路有凍死骨」之句。

楊：名朱字子居，就是我要永享富貴，永保富有之意。

記：聽說您是個自私主義者，自私到「拔一毛以利天下，吾不為也」的地步。

楊：毛長在我腿上，我為什麼要拔一毛以利天下？

記：即使拔一毛即可救天下，您也不屑為？天下竟有這等自私自利之人。可惡！可恥！

楊：從「表象」看「拔一毛以利天下，吾不為也！」是一種絕對的自利主義者；可是若從「裡象」看，假設我拔了一根毛，真能救天下？就算我拔光了全身的毛，也救不了天下；進而言之，即使我粉身碎骨，還是救不了天下。從邏輯上推論，那我又何必拔我身上的一根毛。

記：何以有此一說？

楊：你沒聽過：「有生之初，人各自私也，人各自利也；天下有公利而莫或興之，有公害而莫或除之。有仁者出，不以一己之利為利，而使天下受其利，不以一己之害為害，而使天下釋其害……」（黃宗羲，《明夷待訪錄・原君篇》）

記：這是人之常情，也是人性所趨。

楊：壞就壞在這些自封為「仁」者的人。為了完成「仁者」一統天下

之心願，互展野心，忙於擴張勢力，伸展地盤，驅使無辜百姓為他效命，塑造一個「共榮圈」的願景。

記：於是「制民之產，仰不足以事父，俯不足以蓄妻子；樂歲終身苦，凶年不免於死亡」（《孟子．梁惠王上》）。

楊：而這些所謂的「仁人君子」，卻又吃得飽飽的，進一步的殺人以逞凶。

記：「凶年饑歲，君之民，老弱轉乎溝壑，壯者散而之四方者，幾千人矣！而君之倉廩實，府庫充」（《孟子．梁惠王下》）。

楊：如此這般地爭地以戰，殺人盈野；爭城以戰，殺人盈城，造成政治混亂，社會不安，人心惶惶。

記：於是又有更多的雞婆「仁人」出現……

楊：他們主張以禮樂治國，以仁義、忠恕修己。企圖回復到「親親而仁民，仁民而愛物」的「王道」正名主義。

記：這就是所謂的儒家思想。

楊：結果呢？為正名而爭名。什麼名器、名分、禮儀。流弊所至，鼓勵民眾、驅使民眾，為「守名」、「爭名」而戰。

記：只落得一個「虛」字。

楊：更有的眼見舊有秩序既不可挽回；新的體制又無法預期與想像，只好來個「賢者避世，其次避地」做個隱者。

記：正是：「個人自掃門前雪，莫管他人瓦上霜。」樂得做個自了漢，這就是所謂的道家思想。

楊：有的則提出「兼愛」、「非攻」、「尚賢」、「尊天」……要人慈悲為懷，摩頂放踵的利物濟眾……

記：那就是所謂的墨家思想！

楊：更有的試圖變法圖強，獎勵軍功，內求鞏固，外求統一。造成「普天之下，莫非王土，率土之濱，莫非王臣」（《孟子•萬章上》），完成偉大的「祖國統一大業」使命。

記：這些學說，有的無疑是對牛彈琴；有的失之於空中閣樓；有的簡直就是緣木求魚而不可得；更有的，正好被野心家所利用，變本加厲。

楊：我從人本主義著手，提倡極端的個人自由主義。

記：怎麼樣的極端法？

二、不合作主義的始創者

楊：大家放聰明一點，不受政府支配，不讓他媽的野心家利用。人人不要管他那個狗屁政府，天下就太平了。

記：狗屁政府說：「人民有依法律納稅之義務。」（中華民國憲法第十九條）

楊：來養一批垃圾立委、蛀米蟲官員、白吃白嫖的警察大人，殺人如麻、專打內戰的「國」軍……

記：您太過分了，太偏激了！

楊：強大的三軍將士，有去登陸一個小小的釣魚台嗎？強大的海軍、海巡署，有去太平洋、大西洋、印度洋護魚嗎？強大的空軍，有擊落過漆著U.S.的「不明飛機」嗎？

記：說的也是啊！狗屁政府又說：「人民有依法服兵役之義務。」（中華民國憲法第二十條）

楊：因而有的為毛澤東服兵役，有的為老蔣服兵役，鏖戰於神州中原，對抗於雙馬（馬祖、馬尾）之前，廝殺於兩門（金門、廈門）之間，以至於妻離子散，填屍溝壑；而兩位老人家卻也都三妻四妾，華衣錦食，子孫滿堂，白白胖胖地活到八、九十歲，身上一個槍眼子都沒有。

記：如今藍綠二二八——二百萬VS.三一三——三百萬大對決，至少扁呂雙雙掛彩，還「破」了身。

楊：這不失為民主時代的一大進步！

記：狗屁政府又告訴我們：「人民有受國民教育之權利與義務。」（中華民國憲法第二十一條）

楊：你別忘恩負義啦，受過完整的國民教育、高等教育，還到英、美留學，到頭來，得了便宜還賣乖，回頭大罵什麼狗屁政府。

記：是誰把四千年的河洛文化與中原（客家）文化，切割成四百年的邊陲文化？

楊：這是外科鋸箭法的政府！

記：是誰把屈原、文天祥、岳武穆割捨掉，只剩下自焚而亡的鄭南榕及其遺孀葉菊蘭？

楊：這叫大腦失憶症的政府！

記：是誰把5×6=30，改為5＋5＋5＋5＋5＋5=30？

楊：這叫倒退建構數學！

記：是誰要人學連媽媽都不會講的所謂「母語」教學？

楊：有這等 ridiculous things，我真是聞所未聞，見所未見！

記：一個不會講杭州話的杭州父親和一個不會說客家話的客家母親，如何教他的子女講河洛「母」語？

楊：這真是令人笑掉大牙的「教育改革」，那何不改教瀕臨消失的非洲「班圖」語；或者澳洲的「毛利」語，這樣或許台灣可以出幾個諾貝爾天才獎。

記：其實，蔣介石退居台灣百無一是，唯一的貢獻就是推行「國語政策」，連新加坡都在直起而追呢！

楊：總之，狗屁政府的所謂教育內涵，只是讓你認識幾個字，以便看得懂稅單、罰單內容寫些什麼東西就是了。

三、高舉「為我主義」的大旗

記：您的學說，在戰國時代，與儒、墨鼎足而三，讓孟子嫉妒得破口大罵您無父無君。

楊：因為我高舉「為我主義」的旗幟，大受人們的歡迎。

記：為什麼要主張為我？

楊：人者，爪牙不足以供守衛，肌膚不足以自捍衛，趨走不足以逃利害，無毛羽以禦寒暑，必將資物以為養性，任智而不恃力。故智之所貴，存我為貴；力之所賤，侵物為賤。

記：您的理論好像說不通，就是因為人是個「萬物之弱」，所以才要發揮「為群」精神，團結一致，克服萬難。

楊：「為群」與「為我」，從字面上講，好像立於對立的地位；實質上它們之間是二合為一、一分為二的一體兩面的關係。

記：怎麼說？

楊：「為群」只是比較冠冕堂皇的話；其實一講到「為群」二字，即已含有「為我」的念頭。

記：本來嘛，利人即是利己。

楊：一個人愛國家、愛民族、愛社會，這是公認的正當行為。

記：但是又為什麼要愛國家、愛民族、愛社會？

楊：大凡愛你的同類，你就更加得到生存的保障，這豈不是也「為

我」。

記：同樣的，有了健全的個體，才有永續的「群體」。

楊：由是觀之，「為我」乃是人類行為的總則，不論其為精神生活、物質生活，談兼愛也好，說仁義也罷，到頭來都是一個「為我」。

記：普天之下，人同此心，心同此理嗎？

楊：君不見「夫仁者，己欲立而立人；己欲達而達人」（《論語．述而第七》）。

記：之所以立人，就是為了己立；之所以達人，就是為了己達。

楊：再看「其恕乎！己所不欲，勿施於人」（《論語．顏淵第十二》），基本上，還是從「己」字出發的。

記：這下我明白了。就算「老吾老以及人之老，幼吾幼以及人之幼」（《孟子．梁惠王上》），也是從「吾」開始。

楊：所以我才特別強調：「智之所貴，存我為貴；力之所賤，侵物為賤」。

記：您要求人人自己努力，不要倚賴別人，也不要別人倚賴自己。

楊：總之，世間任何學說，都只有一個目的——為我。儒家的仁義、墨家的兼愛、道家的無為皆是如此。

記：近代英人邊沁（J. Bentham, 1748-1832）創導的功利主義（Utilitarianism），俄人托爾斯泰（Leo Tolstoy, 1828-1910）、克魯泡特金（Peter Kropotkin, 1842-1922）的互助論（Mutual Aid），莫不是您這一「為我」哲學的發揚光大？

楊：也許方法與手段的運用有所不同，而其「為我」之目的則相同；只是我比較老實一點，直中人性深處的靶心，而其他人則拐彎抹角地描個不停。

記：越描越花！

四、從心而動，任性而遊

楊：生民之不得休息，為四事故：一為壽，二為名，三為位，四為貨。

記：其實吾人整個人生的內涵，就是追求這四大目標；除卻這四大目標的追求，也就空無一物，有若蟲魚鳥獸的過了一輩子。

楊：可是這四大人生目標，往往「制命在外」為上天所主宰，非人力

所可自主。

記：若是我硬要強求呢？

楊：那你勢必要為壽而畏鬼，為名、位而畏威，為貨、利而畏刑；但若你不逆命，何羨壽？不矜貴，何羨名？不要勢，何羨位？不貪富，何羨貨？此之謂順民也。

記：您的人生哲學主軸是：「不違自然之所好」七個字？

楊：百年壽之大齊，得百年者，千無一焉。設有一者，孩提以逮昏老，幾居其半矣！夜眠之所弭，晝覺之所遺，又幾居其半矣！痛疾、哀苦、亡失，又幾居其半矣！量十數年之中迴然自得，亡介焉之慮者，亦亡一時之中爾！

記：唐伯虎有詞為證：「人生七十古稀，我年七十為奇，前十年幼小，後十年衰老；中間止有五十年，一半又在夜裡過了，算來止有二十五年在世，受盡多少奔波煩惱。」（唐寅〈七十詞〉）

楊：別人之生也，奚為哉？奚樂哉？為美厚爾，為聲色爾，而美厚復不可常厭足，聲色不可常翫聞，乃復為刑賞之所禁勸、名法之所進退。

記：實際上人生固然沒有什麼價值，人生也沒有一丁點的意義。所以您勸人莫被「刑賞之所禁勸，名法之所進退」！

楊：總要及時地替自己打算打算，舒坦地過個有限的日子，管他媽的國家、主義、領袖、榮譽、責任……那都是陷害人生的死亡坑洞。

記：國家、主義、領袖、榮譽您都不要也罷！可是「責任」總是要負起的。

楊：我這一生唯一的責任就是活得自在、活得快活；當我活得自在快活後，我的家人、鄉人、國人甚至世人，才會跟著活得自在快活……

記：什麼樣的生活才是具體的生活、實在的生活？

楊：原憲窶於魯，子貢殖於衛。原憲之窶損生，子貢之殖累身，然則窶亦不可，殖亦不可，其可焉在？曰：可在樂生，可在逸身；故善樂生者不窶，善逸身者不殖。

記：物質生活過於苦，則損生，貧血症、肺結核等疾病都齊襲其身；反之，物質生活過於豐厚，則累身；高血壓、高血糖、高血脂、中風等，亦齊集其身，總要在不豐、不乏中均衡享用，然後才可以樂生、可以逸身。

楊：總之，人不必強其久生不死，亦不必強其速亡，只由著他自然而

生，自然而滅即可！

記：這是您「不違自然之所好」的精義所在。

楊：萬物所異者生也。所同者死也。生則賢、愚、貴、賤是所異也；死則臭、腐、消、滅，是所同也。

記：這是您的「齊死論」觀念。

楊：本來嘛！十年亦死，百年亦死，仁聖亦死，凶愚亦死。生則堯舜，死則腐骨；生則桀紂，死則腐骨；腐骨一矣，孰知其異，且趣當生，奚遑死後！

記：您是恨死了那些想做聖賢豪傑之人，成天地擾亂世界的人，直想打破人們崇拜功名利祿的癡想而已。

楊：是故，太古之人，知生之暫來，知死之暫往，故從心而動，不違自然所好；當身之娛，非所去也，故不為名所觀，任性而遊，不逆萬物所好；死後之名，非所取也，故不為刑所及。名譽先後，年命多少，非所量也。

記：「七十而從心所欲，不踰矩！」《論語．為政第二》孔老夫子到了七十歲，臨死之前方才領悟此間道理，那麼，他先前在匡所辱，在陳蔡問絕糧又何苦來哉！

楊：說的也是啊！

記：至於死後，您要厚葬？薄殮？還是慎終追遠？您這個小氣鬼、自私鬼又有何種主張？

楊：「死」豈在我哉？焚之亦可，沉之亦可，瘞之亦可，露之亦可，衣薪而棄諸溝壑亦可，袞衣繡裳而納諸石椁亦可，唯所遇焉。

記：您不但生前放任自然，死後亦放任自然；我可不這樣，我寧願在死前還能行動時就跳海餵魚吃，水善利萬物（《道德經・第八章》），萬物必須回歸水！

五、尚實利・鄙虛名

記：舉凡哲學家，大都在「名」、「實」之間打轉，像老子有「無名之說」；孔子有「正名之論」；尹文子更有「名形之談」；他如墨翟、公孫龍之論名實；荀子有〈正名篇〉，談一談您的名實論如何？

楊：我是個唯物哲學論者，我以為「實無名，名無實，名者偽而已矣」，亦即名實之間沒有任何關係；而且名是虛無的，實是存有的。

記：孔子說名正言順，名實豈不是要相配方可。您怎麼說名和實沒有任何關係呢？

楊：譬如說，這兒有兩種動物，分別被人們叫作馬和鹿；其實牠自己從不承認過牠是馬還是鹿。

記：也許牠像我們人一樣，自以為是「人」呢！

楊：沒想到卻有人偏偏要「指鹿為馬」……

記：就有這麼個人，他的名字叫趙高……

楊：他應該叫「糟糕」才對！他竟然把這兩種動物的名字變了，可是實際上，馬還是馬，鹿還是鹿，一點都沒改變。

記：意即一切事物的名稱，都是人為的，虛假的，實際上沒有存在的必要！

楊：所以我才說：「名者，偽而已矣！」

記：那您為何又說：「名無實，實無名」呢？

楊：請問堯、舜、禹、湯、周、孔是怎樣的人？

記：天下之美名也！

楊：舜實際上怎樣？

記：耕於河南，陶於雷澤，四體不得暫安，口腹不得美厚，父母之所不愛，弟妹之所不親，行年三十，不告而娶；及受堯之禪，年已長，智已衰，商鈞不才，禪位於禹，戚戚然以至於死。

楊：此天人之窮，毒之惡者也！

記：那麼禹呢？

楊：禹父鯀治水土，績用不就，殛諸羽山，禹纂業事讎，惟荒土功，子產不字，過門不入，身體偏枯，手足胼胝，及受舜禪，卑宮室，美紱冕，戚戚然以至於死！

記：此天人之憂苦者也。

楊：周公呢？

記：武王既終，成王幼弱，周公攝天子之政，邵公不悅，四國流言，誅兄放弟，僅免於身，戚戚然以至於死。

楊：此天人之危懼者也！

記：孔子呢？

楊：孔子明帝王之道，應時君之聘，伐樹於宋，削跡於衛，窮於商、周，圍於陳、蔡，受屈於季氏，見辱於陽虎。

記：此天民之遑遽者也！

楊：凡彼四聖者，生無一日之歡，死有萬世之名。

記：有好「名」者不見得有好「實」；反之，有惡「名」不見得有惡「實」。

楊：桀藉累世之資，居南面之尊，智足以距群下，威足以震海內，恣耳目之所娛，窮意慮之所為，熙熙然以至於死。

記：此天民之逸蕩者也！

楊：紂亦籍累世之資，居南面之尊，威無不行，志無不從，肆情於傾宮，縱夜於長夜，不以禮義自居，熙熙然以至於誅。

記：此天民之放縱者也！

楊：彼二凶也，生有縱欲之歡，死被愚暴之名。足以證明：「實者固非名之所與也，雖毀之不知，雖稱之弗知，此與株塊奚以異矣！」

記：就跟木頭與土塊都不能分辨一樣的愚昧無知了。

六、政治論

記：接著請談一談您的政治思想。

楊：古之人損一毫利天下，不與也；悉天下奉一身，不取也。人人不損一毫，人人不利天下，天下治矣。

記：每個人都「為我」，先自我完成其人格，達到「自立」的地步。

楊：假如人人都能夠自立的話，人人不必依附他人而受他人的支配，亦即人人不必損其一毫，人人不必利天下之事；那麼，天下絕沒有不能平治的現象。

記：換句話說，您主張人民自行組織純正自治的社會團體，絕不允許由「國家」的組織從事干涉人民之生活。

楊：我請問你，在整部人類演進史中，是先有個人？還是先有國家？

記：當然是先有個人的存在，然後才出現國家。

楊：意即組織國家的目的，乃在於圖謀人類社會發展的手段、工具與方法之一。

記：近代西方學者，如英人霍布斯（T. Hobbes, 1588-1679）、洛克（John Locke, 1632-1704）、法人盧梭（J. J. Rousseau, 1712-1778）提倡社會契約說（Social Contract School），主張國家乃人們以契約方式而建造的一種社會制度。

楊：這個「國家契約」目的有那些呢？

記：第一目的是「國家安全」：這是國家生存的基本條件，對外要能抵禦外侮，避免他國侵犯；進一步的以成功的外交手腕折衝樽俎，化干戈為玉帛，消隱患於無形……

楊：人說「弱國無外交」。尤其介乎於幾個充滿著矛盾大國之間的小國，成為「豬八戒照鏡，裡外不是人」的尷尬角色。

記：或採中立政策、或採門戶開放政策、或成為緩衝國。外求和平，內保安全。

楊：那麼可不可以扮演「狗」的角色，實行「犬儒哲學」。

記：什麼是犬儒哲學？

楊：在美國面前是哈巴狗，抱之、舔之，唯恐不及；在日本面前扮演牧羊犬，為「虎」作倀；在中共面前扮演「吠犬」，隔著台灣海峽，日夜狂吠；在東盟、歐盟及聯合國前扮演「喪家之犬」，日夜去抓人家的大門。

記：那會死得快！

楊：國家的第二目的為何？

記：「國內秩序」。

楊：從歷史上看，有秩序者為「治」，沒有秩序者為「亂」。

記：此種秩序包括國家統一、民族共存的政治秩序；人民有生活保障，免於凍餒之經濟秩序；沒有盜竊亂賊、違法亂紀之社會秩序；沒有SARS、登革熱的衛生秩序；進一步的還要沒有橫衝直撞、險象環生的交通秩序……

楊：那第三目的呢？

記：人民權利，諸如：自由權、平等權、參政權、生命權、財產權等權利的保障。

楊：第四目的呢？

記：「國民福利」：這是國家最重要的目的，是為福利國家目的。

楊：其大約條款有那些？

記：(1)社會保險：包括健康保險、失業保險、老年保險、工害賠償、婚姻、生育、喪葬等保險。

楊：由此看來，你們的政府仍然停留在「初級政府」階段。

記：(2)對於貧窮無告之人，予以消極的救濟及積極的培養其生產能

力。

楊：還要編列大額預算，購置消防氣墊、救護車以及培養C.P.R.急救人員……

記：幹嘛？

楊：以便急救那些平均每天高達十三名的跳樓人士啊！

記：⑶推行公共衛生，促進國民保健，並推行公醫制度……

楊：除非醫學院的學生，能以「公衛系」作為第一志願，皮膚科為最末志願：否則很難達成這個目標！

記：⑷「人民有工作能力者，國家應予以適當之工作機會。」這是狗屁政府憲法第一百五十二條的規定，白紙黑字，不容否認。

楊：我真為你的國家和政府臉紅。從頭頂心一直紅到屁股眼，當然我也替你臉紅、舌敝、唇焦的，聽說你還在好幾所大學開「中華民國憲法」的必修課？

記：我自知有愧，這幾年已改換跑道了。

楊：身為政治學博士，不教你自己的專長「政治學」與「憲法學」必修課，簡直不務正業嘛！

記：我現在改開「老莊哲學」與「燈謎研究」等課了。

楊：那還不是一些「玄之又玄」的課，大家都跟著「混之又混」。

記：少岔題外話！言歸正傳。

(5)建造公共住宅或國民住宅，解決住的問題。

(6)防止青少年犯罪……

楊：青少年喜歡飆車如何禁止？

記：幹嘛要禁止，這也禁止，那也禁止，搞不好他們結夥去放火、殺人了，警察拿納稅義務人的錢，每天跟他們玩「官兵捉強盜」的遊戲。

楊：總不能放著不管啊！

記：每個縣市規劃一處河川灘地或者小山坡地，加強安全措施，讓他們去玩去！

楊：這「國民福利」目的，的確最重要，但是對於外國新娘，我們也要照顧她們嗎？

記：當然了！

(7)保護女性、寡婦、孕婦、孤兒、童工和女工。

(8)防止各種災害及控制經濟蕭條和衰退。

楊：好了！好了！真是慘不忍睹，不忍聽聞。原來我們的政府是世界上頂飯桶的政府。

記：國家目的第(5)、(6)、(7)項，分別是「社會公道」、「教育文化」與「世界大同」。

楊：我不要聽，我不敢聽，我願獨居寡處在這個世界中，我不願拔一毛給這個政府，事實上這部政府機器，並沒有發揮作用。

記：那麼您每個月捐點錢給「慈濟」，讓她為您做點好事可好？

楊：我願投票給證嚴法師，讓她做台灣福利國的總統。

記：其實，她足可擔任聯合國秘書長。

白馬非馬？堅白不堅？

～公孫龍子訪問記～

公孫龍字子秉，趙人（因其曾為平原君門下客），亦有說是魏人。是戰國時代的辯論家。他到過燕國，勸燕昭王偃兵，也曾勸平原君勿受封。

公孫先生本是個儒者，因受教於惠施，故成為名家。他和魯國孔穿（孔子後裔）先生會於平原家，孔穿勸他放棄「白馬非馬」之說，即願拜他為師，不過公孫龍拒絕了。他說：「龍之所以為君者，乃以白馬之論」。

「名」家也者，是以辯名實為務之論理學，即今日之邏輯學（Logic）也。

「白馬」怎麼會是非馬？就算叫個小學生來問問，他不但知道白馬是馬，連黑馬、紅馬、棕馬……無不都是馬。

一、白馬非馬論

記：公孫先生，您好！最近我讀李石岑先生所著《中國哲學史話》，才發現您是個「怪胎」，又好口舌之爭，比起那個「予豈好辯哉？予不得已也」的孟子（見〈滕文公下〉）還好辯！

龍：孟軻那能跟我比，我們看整部《孟子》，從第一篇〈梁惠王〉起到第七篇〈盡心〉無不在罵人，好似潑婦罵街似的，我可不是！

記：您可是什麼？

龍：我可是個正名主義者。

記：儒家不也講「正名」？

龍：儒家的正名，是一種手段，它的正名無非為政治做附庸，下註腳……

記：何以見得？

龍：儒家人士強調：「名不正，則言不順；言不順，則事不成；事不成，則禮樂不興；禮樂不興，則刑罰不中；刑罰不中，則民無所措手足。」（《論語・子路篇》）

記：是一種政治上的名號，是虛名？

龍：我的正名，則是純粹學理之探討。

記：何謂白馬非馬？

龍：「馬」是共名（稱），「白馬」是別名（稱）；別稱不能代表共稱。

記：因其內涵、外疇，大小不一？

龍：就像柚子樹是共稱，柚子是別稱，「吃柚子」不代表「吃柚子樹」。

記：Anyway，白馬畢竟是匹馬，牠既不是驢，也不是鹿。您總不能「指馬為鹿」一番吧！

龍：馬者，所以命「形」也；白者，所以命色也。命色者非命形也，故曰白馬非馬。

記：我還是不懂吔！

龍：譬如說，我要一匹馬……

記：那麼無論什麼馬都合乎要求，不論其為黃馬、黑馬、花馬……甚至瘸子馬。

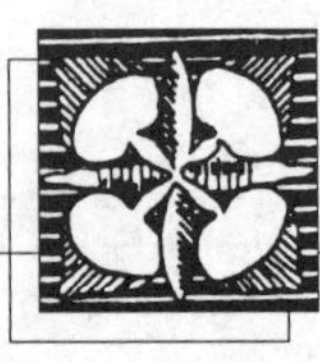

龍：可是當我要一匹「白馬」時，你會不會用黃馬、黑馬、花馬……來搪塞我？

記：當然不會啊！

龍：所以我說「白馬非馬」，這下你懂了吧！

記：這在哲學上叫作「形式邏輯」，把概念與現實隔離，「馬」是概念；「白馬」是現實。

龍：我強調「以其所正，正其所不正；以其所不正，疑其所正」（《公孫龍子．名實論》）。

記：我也要創造一段「黑板不黑論」。

龍：怎麼說？

記：我是教書出身的，從小學、初中、高中教到大學、補習班、乃至社區大學……您是否知道那塊在教室前邊、老師背後的板子叫什麼來著的？

龍：那不就叫黑板嘛！

記：這是個「概念」。但，事實上，實地去看「現實」，到底有黑板沒？

龍：百分之七十是塊綠色的水泥牆；大概有百分之三十是塊美麗仔（美耐）白板。

記：那您為什麼不叫「綠牆」或「白板」？

龍：「黑板」一詞，已經約定俗成，一時無法改口。

記：所以只好順口叫下去！

龍：對了！這就證明了我的「白馬非馬」論了。

記：有天，我正在書房看書，有個騎機車的小販沿著巷子口喊叫：「黑板！賣黑板呵！」

龍：真怪，這年頭還有人在賣黑板的？

記：我下樓一看，原來是個賣「行事曆白板」的小販。我立刻糾正他說：你騙人！你賣的明明是「白」板，怎麼可以誆人說「黑」板？

龍：他有什麼反應？

記：他倒是從善如流，而且他知道我是教授，教授最強調正名。

龍：於是從隔天起，他就扯著嗓子喊「白板，賣白板」的。

記：他喊了一個星期的「白板」，結果一塊也沒賣掉。

龍：搞不好有人以為他在賣麻將牌呢。

記：後來他改喊「黑白板」。

龍：那當然更賣不掉了，因為他變成了「黑白板黑白賣」。

記：最後他總算以「白黑板」作為他的叫賣聲。

龍：意即「白色的黑板」。「黑板」之所以命「形」也；「白」者之所以命名也。黑板是概念，白是現實。還是脫不了我的「名實論」。

二、肯定矛盾律

記：我對您的哲學很有興趣，可是您不像孔孟、老莊那樣有專著留下，可做進一步的深入研究。

龍：這就要怪那個獨夫秦始皇了。他像發神經病似的，突發奇想地來個「焚書坑儒」，把我們先秦諸子百家的書籍焚個一乾二淨。

記：以收愚民政策之效！

龍：我們「名家」所講的「名學」，乃是一種追根究柢之學……

記：亦即西洋人的邏輯學（Logic），邏輯學分「原理論」與「方法論」兩大部分。

龍：原理論即所謂的「詭辯論」。由於被秦王這麼一燒，後人無法完成「理則方法」。

記：是以中國學術思想，不能形成哲學的發展，連帶的使得科學落後。

龍：雖然儒、道兩家思想於西漢年間，在政府獎勵下，得到復甦，但由於缺乏方法論的研究，只在於章句的誦讀，始終難以大放光明，是中國學術思想的一大損失。

記：最近我讀《莊子・天下篇》，看到您以及您學生所提之「二十一辯事」，覺得有些不可思議，可否請求指點一二！

龍：儘管說吧！

記：(1)「卵有毛」，雞蛋、鴨蛋、甚至鴕鳥蛋，表面看全是「白不溜丟」的，您們怎麼會說出「卵有毛」的話兒？

龍：卵的「表象」是白而光滑，一點也沒錯；但你有沒有研究過它的「裡象」？

記：什麼跟什麼的「表象」、「裡象」，我可搞不懂。

龍：你有沒有進一步的觀察，那從蛋裡孵出的小雞、小鴨全有毛？

記：對喔！

龍：所以這卵中含有「毛」的基因（gene）存在；還有，當一個蛋剛生下來時，放在顯微鏡下觀察，那蛋殼上的「毛孔」以及毫毛多得不下於我們人類皮膚的表面，所以我說：「卵有毛」。

記：我懂，我懂！那麼⑵「郢有天下」呢？

龍：這是「小一」與「大一」之別，但不可否認的，全是一。

記：怎麼說？

龍：郢是楚國的首都，它是「小一」；天下是「大一」，儘管有大小的不同，但卻都備有整個「一」的要素。

記：有了，有了！我可以說「台灣有中國」了。

龍：因為你是台灣人，同時也是中國人！

記：所以我不能說：「我是台灣人，卻不是中國人。」

龍：其實宇宙萬物都有其密切的聯繫性，並不是各自孤立的。

記：有時候聯繫性的程度會高到「美國放個屁，台灣人聞起來都是香的」；那⑶「馬有卵」，⑷「丁子（青蛙）有尾」呢？

龍：這⑶跟⑷都與⑴是相通的，因為馬的生命發育階段，經過「卵生」動物階段；同樣的，青蛙（丁子）是由蝌蚪發育而成的，別忘了，蝌蚪可是有尾的。

記：那(5)「指不至、至不絕」呢？

龍：這「指也者，天下之所無也；物也者，天下之所有也」。

記：意即「指」是抽象的概念，必須附託在實物上，才有感覺，才能存在。

龍：因此，天下無物，可謂指乎？

記：又回歸到「觀念是觀念，實物是實物」。

龍：所以說，物不可謂指。

記：那(6)「龜長於蛇」呢？

龍：我可沒說是尺寸……

記：也可指年齡了。那(7)「鑿不圍枘」呢？

龍：就像鋤頭柄、榔頭柄，看起來是那樣的密切契合，可是其中究竟有空隙，這一命題，告訴我們說，天下沒有絕對的。

記：再密的蛋殼也有可供蒼蠅鑽入的縫。那(8)「白狗黑」呢？

龍：這「白狗」、「黑狗」還不是人定的；要是當初說那白狗是黑狗，黑狗是白狗，也無不可。

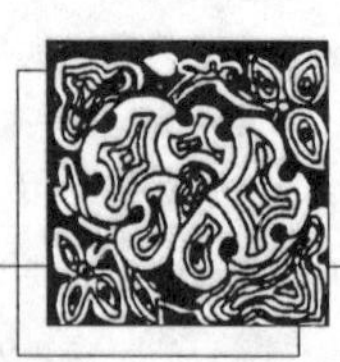

記：而且什麼叫白？白裡面可能含著黑；而這黑裡更可能含著白呢！

龍：在美國就算兩個純白人結婚，保不定也會生出黑人或「灰」人呢！

三、否定矛盾律

記：第⑼個：「飛鳥之影，未嘗動也！」又是什麼意思呢？飛鳥在動，影子也跟著動，怎麼說它「未嘗動也」？

龍：運動乃是時間和空間聯合產生的；單方面著眼於空間而摒棄時間於不顧，就會產生這種錯覺。

記：意即「視覺暫留作用」的關係。

龍：電影是一連串的連續畫面，當它以每秒十六張的速度運轉時，就變成了「動」畫了。

記：就如同一顆雨點，因受地心引力的吸引，從高空中落下，因人們的視覺暫留作用的錯覺，以致看成一條線一樣；同樣可證第⑽「鏃矢之疾，而有不行不止之時」。

龍：第⑾個：一尺之棰，日取其半，永世不竭。

記：這是一種最高的數學概念！

龍：誰說不是呢？在數學概念上是「永世不竭」的；但在事實上是不會「不竭」的，往往兩三下就清潔溜溜了。

記：這「現實」與「概念」之別，如同「白馬非馬論」。同理可證：一根麵條，一天吃它一半，永遠吃不完是一樣的道理。

四、形式論理律

龍：⑿「雞三足」。

記：雞明明只有兩隻腳，您怎麼拗成三足呢？

龍：雞的「現實」腳數固然是兩隻；但是牠有另一隻「概念」腳，加起來正好是三足。

記：您少誆人了，誰會相信「雞有三隻腳」？

龍：我問你，一個物體要想穩定，要想站立的話，起碼要有幾點？

記：根據物理學的原理，起碼要有三點，才能平衡穩定；當然四點、六點更好。

龍：那麼自行車在靜止時為何不能站立，但在行進中卻又能不倒？

記：我懂了！自行車在靜止時只有兩個著力點，故而不能站立；但在行進中，因為騎者不斷地「製造」出第三點，用以謀求平衡，所以才不會倒；甚至有人可以騎「單」輪車……

龍：他不斷地用屁股和雙手製造第二點與第三點。

記：這麼說，在尼加拉瀑布上走鋼絲一點也不稀奇了。

龍：他必須倚仗一根長竹竿，不斷地「製造」第二點與第三點。

記：所以雞、鴨、鵝等兩足動物，很少站立不動的，牠們是以伸頸子或搖擺尾巴作為製造身體的平衡點。

龍：第⒀「犬可以為羊」。

記：這我知道了：「犬」跟「羊」都是一種概念世界，而不是一種「現實」世界，您說牠是犬，牠就是犬；您要說牠是羊，牠就是羊了。

龍：第⒁「火不熱」。

記：您又來了！火的「概念」不熱，熱的是「現實」的火，所以說火不熱，您的理論萬變不離其宗：「概念」、「現實」之分。

龍：不然怎麼說？

記：您可以說：火分內燄、中燄與外燄，熱的是外燄而非中內燄；您也可以說，火之所以讓我感覺熱，那是因為經過「傳導」、「對流」與「輻射」三種作用，才使我們覺得熱；假若吾人排除這三種作用，那麼我們也就不會感覺到熱了。

龍：那是現代物理學，可不是我研究的範圍。

記：您也可以說「鬼火」、「磷火」、「火氣大」……的火不熱。

龍：那就是我所說的「概念」之火了。

記：第⒂是「山有口」，山怎麼會有口呢？

龍：山有山頂、山脊、山腰、山腳……所以山一定有口。

記：這是您的「類推」理則。

龍：想想看，你若對著山喊話，你立刻得到回音，這就表示山有「口」！

記：第⒃是「輪不輾地」，怎麼個輪不輾地法？

龍：一個行進中的車輪子，理論上它是不輾地的……雖然它的實質上是輾地的。

記：為什麼？

龍：若是輾地，那必須是靜止狀態。

記：第⒄是「目不見」。

龍：目只是概念，此一概念，未必有「見」的作用。

記：說的也是，若未通過視神經的解析，那也不過是「視而不見」而已；何況，一個物體之所以被看見，乃是光線的照射，假如在一片漆黑中，我們就什麼也看不見了。

龍：第⒅「矩不方，規不可以為圓」。概念上的規矩可以畫圓畫方。

記：古人說：「不以規矩不能成方圓。」應該就是這個意思。

龍：現象界的矩不夠方，規亦不能畫圓。

記：因為有膨脹係數的誤差關係。即使用白金做的度量衡標準具，放在恆溫中，還是有其些微的誤差。

龍：第⒆「狗非犬」。

記：這又涉及部分與全體的關係？

龍：對啦！犬是全體，狗是部分；部分絕不等於全體，猶「白馬非馬」之論。

記：第⒇「黃馬、驪牛三」，明明只有黃馬跟黑牛兩樣動物，怎麼忽然變成了三樣呢？

龍：這跟「雞三足」是一樣的道理：黃馬、驪牛之所以命色，是一種概念，至於現象界的馬、牛兩樣，合起來正好是三。

記：第(21)「孤駒未嘗有母」……

龍：不可否認的，任何生物都有其母，即使現象界的孤駒也必有母；但在理念上，只要被稱為孤時，牠必然沒有母親。

記：您們名家真的很偉大，在二千五百年前的「當下」，就把「理念界」、「現象界」分得這麼清楚。您們一反儒家之理性思辨與老子之直觀認識，而以辯證真理為務。

龍：為認識論闢一新天地，足以建立哲學與理則學的體系。

記：可是經過秦王嬴政的焚坑，漢武帝時董仲舒的特別獎助儒學，以及朱熹編寫「統一教材」，三管齊下，再也沒有人願意從事論辯之學了。

法後王的儒門異類

～荀子訪問記～

儒、道、墨三家各有其共同點——託古立言；他們都挾古聖遠賢之言「以令百姓」。孔子道性善，言必稱堯舜，還常夢見周公呢（《論語．述而》）！孟子更常自言自語：「周公何人也？古之聖人也。」（《孟子．公孫丑下》）至於「文武之政……」兩人更是琅琅上口。老莊口中的「聖人」則是傳說中堯舜以前的人物。連工頭出身的墨子，也找了個大禹墊底，徒託空言一番。甚而提倡「君民並耕說」的許行一夥人，也抬出了神農氏打頭陣；〈楊朱篇〉抬出了「但伏羲以來……」；而輸人嘸輸陣的法家李斯一行人，更抬出了天皇、地皇，因而有「天皇、地皇、秦皇，秦皇最貴」之說（顧頡剛《論古史》）。他們一個比一個古，一個壓一個。

這其中只有儒學出身的教育家——荀子例外。他崇禮勸樂，主「法後王」、「道性惡」說。他認為學有三貴，曰：「專一」、「得師」與「隆禮」。他一反孟子「民貴、君輕」之說，主張提高君權、主張尊君。「君者國之隆也，父者家之隆也；隆一而治，二而亂。」（《荀子・致士篇》）他又說：「天子者，勢位至尊，無敵於天下。」（《荀子・正論篇》）「故禮，上事天，下事地，尊先祖而隆君師，是禮之三本也。」（《荀子・禮論》）

孔子歿後，儒一分而為八，計有：子張之儒、子思之儒、顏氏之儒、孟氏之儒、漆雕氏之儒、仲良氏之儒與荀氏之儒（見《韓非子・顯學篇》）。

綜觀荀子一生，並無赫赫之功，年輕時在齊國幹過「稷下學士」，三任祭酒（國際留學生會會長），回趙國後不見重用。五十四歲入楚任「蘭陵令」（相當於今山東蒼山縣蘭陵鎮鎮長），不過他的兩大得意門生——韓非和李斯，卻使他大大的露臉——幾幾乎成為法家的宗師。

如果，蘇格拉底（Socrates, B.C.470?-399）、柏拉圖（Plato, B.C.427?-347）與亞里斯多德（Aristotle, B.C.384-322），是古希臘哲

學「三聖」的話，那麼孔子、孟子與荀子，不可否認的就是東方儒學的三宗師，未知您同意否？

一、改名換姓，我不爽！

記：荀老夫子，荀老夫子，請 take a break，接受《國文天地》記者的專訪。

荀：你少煩我，我正準備搭機到秦國，去為我的學生李斯，擔任「國政顧問」一職。

記：「學術中立」四個字，您有沒有聽過？像您這樣一方大儒，具有學術清望，何必去蹚這政治渾水？

荀：管他渾水也好，污水也罷！我要挺「水」到底，俗云：「親不親，故鄉人。」我不挺他，誰挺他？

記：「代誌」有這麼嚴重嗎？

荀：李斯最近公開發表了一篇〈諫逐客書〉，已引起全民憤怒，對手聚集了五、六十萬民眾，在首相府前靜坐、絕食、抗議、示威……我再不出面的話，情勢一定不可收拾。

記：他們為什麼要下逐客令呢？「地廣者粟多，國大者人眾，兵強者士勇。是以泰山不讓土壤，故能成其大；河海不擇細流，故能就其深；王者不卻眾庶，故能明其德。」（李斯〈諫逐客書〉）不是很好嗎？

荀：可是根據他們所說的「台生條例」推論：凡不是出生於秦國的人，都算不得是秦國人，因為他們壓根兒不愛秦國。

記：那麼他們算是那一棵蔥呢？

荀：充其量是「香港腳」、「金華腿」、「蒙古大夫」……而已！

記：那類固醇吃多了的病人叫什麼來著？

荀：叫他「月亮臉」或「四川變臉」罷！

記：豈有此理！

荀：真箇所謂：「欲加之罪，何患無辭。」君不見三十五萬的外勞，已搶奪了我們勞工的工作權（尤其是原住民勞工）；另外又有三十多萬的「外娘」、「陸娘」……正啃蝕了本地女子的擇偶權；還有那十幾萬人的「外師」，從幼稚園到大學，正全面的以「替代役」方式，代替了黃面孔的老土英語教師……

記：還有「西貢米」、「泰國芭樂」、「富士蘋果」、「紐西蘭牛肉」

……不正像機槍似的掃射了我們的農民，說不定有天在「一個亂黨」、「一個爛黨」鷸蚌相爭之下，總統大位被一個美黨（American Party）搶了去。

荀：咳！我們不談這些惱人的事，回歸正題。

記：從那兒說起呢？

荀：我姓荀名況，字卿，趙國（今山西省南部）人。

記：慢著，慢著！有的書上記載著您姓孫，說是荀、孫兩字古音相同，故而有互相借用之便。

荀：豈有此理，那有此事，那才叫作錯得離譜。

記：而且稱您為孫卿，那是漢以後的事兒。

荀：這我就不懂了，漢朝人在搞什麼飛機？

記：漢朝有個皇帝叫宣帝……

荀：他是漢武帝劉徹的曾孫，戾太子劉據的孫兒，小名叫病已的……

記：這個漢宣帝我知道。他有個大臣叫張敞，每天在家替夫人畫眉，被人一狀告到皇帝老爺那兒，皇帝不但不責怪，反而羨慕張敞夫妻很是恩愛；怎麼這位皇帝會有這麼土的名字，「病已」意即病好了。

荀：大概他從小體弱多病，每天不斷的叫他「病已，病已」，說不定病就好了呢。

記：還有叫（霍）去病的；（辛）棄疾的……

荀：想來古時醫護不發達，孩子容易早夭，趕緊叫延年、添壽、天寶（保）的。

記：這位劉病已登大位後，覺得自己的名字太通俗，百姓容易犯諱，於是改名為「詢」。

荀：這一改不是又與我的姓氏犯沖了。

記：最後只好讓您委屈一點，改姓為「孫」了。

荀：諱者，隱也。《公羊傳》有所謂三諱：為尊者諱，為親者諱，為賢者諱。……「自殷以往，未有諱法，諱始於周，周人尊神之故，為之諱名。」（見《左傳疏》）

記：這麼說來，避諱之習，起於周，成於秦漢，盛於唐宋，其歷史垂兩千年之久。

荀：要避諱也是後人避前人，何況我乃儒學三巨頭之一；劉病已應該避我才對，怎麼反倒叫前人改姓換名去遷就他。

記：說的也是！就像清朝雍正皇帝下令避孔丘之諱，將姓丘的人一律加耳朵改姓「邱」。

荀：我要抗議，我要舉牌！

記：說起來還真氣人呢！後漢時代的李恂、荀淑、荀爽、荀悅、荀彧……他們怎麼偏偏不避諱。

荀：還有《左傳》一書中，自荀息到荀瑤……姓荀的多的是，為什麼他們不改姓，偏要我改……不公平、不公平！

記：也許您比較「大尾」。誰教您主張「法後王」？有史以來又有幾個皇帝能及得上您的？至於其他小人物，皇帝老爺才懶得跟他們計較。

荀：萬般無罪，罪在成名？我要發動五十萬臉色「泛白」的群眾，到總統府前去靜坐、示威、抗爭；還要輪番的演說、絕食、拒眠，我要那在深宮中把我看「扁」的皇上寢食難安。

記：算了吧！您省省罷！發動五十萬人抗爭？您能供應五十萬件黃色塑膠雨衣？五十萬個麵包？五十萬瓶礦泉水？

荀：我自己都沒有礦泉水可喝，怎能供應別人？咳！百無一用是書生，手無「麵包」的讀書人。

記：毛澤東先生不早就告訴了我們：「形勢比人強嘛！」您就改姓孫又有什麼關係，從此孫武、孫行者、孫中山都是自家人啦！安啦！

二、稷下學士・浪得虛名

記：且把個人委屈擺一邊，還是介紹您自己吧！

荀：我本於夫子求學之路：「十五而志於學，三十而立」，我十五歲到齊國留學（見劉向《敘錄》）。

記：接著是四十而不「舉」，六十而心想事成「永垂不朽」……

荀：亂講！你怎麼可以對夫子的語錄隨意添油加醋呢！

記：幹嘛出國當小留學生？

荀：第一，當時趙國國內政治不穩，大有「山雨欲來風滿樓」之勢。

記：是政黨輪替，藍綠變色乎？

荀：差不多了。話說趙武靈王自「習胡服騎射」（西元前三〇七年）之後，兵力強大，連年征伐中山（白狄之族，在今河北定縣、唐縣一帶）之國達八年之久，雖屢有斬獲，但未能滅其國……

記：師老國敝，恐有內憂，這是「征戰不滅定律」第一條。

荀：趙武靈王一不做二不休，乾脆把王位讓與幼子何（是為趙惠文王），自號「主父」，全力從事於對外經略拓地，於西元前二九六年滅中山而歸。

記：那麼長公子一定不服了！

荀：長公子章因不得立，於惠文王四年（西元前二九五年）作亂，趙武靈王為亂兵所困，餓死於沙丘宮中。

記：根據夫子「危邦不入，亂邦不居」（《論語．泰伯第八》）鐵則，您就出國避一避就是了；那您為什麼選齊國？當時不是有戰國七雄嗎？

荀：當時的齊宣王喜文學遊說之士，於齊都臨淄稷門外設館，招騶衍、淳于髡、田駢、接予、慎到、環淵……等七十六位飽學之士，賜第、俸祿，拜為上大夫，不治事而議論。

記：這就是所謂的「稷下學士」之美稱。

荀：這「稷下學士」本是齊國的一個地方學術團體，起先只有十幾位學者，後來擴展到千餘人，連眼睛長在頭頂、到處罵人的孟軻，都跑去湊熱鬧。

記：由於「受上大夫之祿，不任職，而論國事」，不用上班，光用嘴巴道東說西，還可以坐以待「幣」，天下竟有這樣「好康」代誌，不要說孟子，就算孔子聽到，都會從墳墓中爬起來，排隊去領「乾俸」。

荀：後來由於齊湣王矜功不休，諸儒諫又不從，於是各自分散，各奔前程去了。

記：想來薪水發不出來也是個主要原因吧！

荀：慎到、接予亡去；田駢如薛，我則適楚……

記：您是趙國人，應該報效祖國，做個歸國學人，回趙國發展才對，何必入南蠻荊楚之邦？

荀：自韓、趙、魏三家分晉之後，隔著黃河為界，已成「兩岸三地」分裂中國家。各以「一個晉國」自居，相互攻伐，國力自相抵消，已成強弩之末，未可穿縞素的局面。

記：「寧贈外邦，不予家人」，嗚呼哀哉！終被西秦各個擊破，一一併吞。

荀：歷史不斷重演，健忘的人們永不會記取血的教訓。

記：您那時才大學畢業，羽翼未豐，資望尚淺，說實在的，一動不如一靜，倒不如先做個「留」學生，觀察「政治風向」後，再做「流」學

生，方為上策。

荀：我留在齊國從事講學和著作，進而觀察列國大勢。

記：有何心得？

荀：是時齊相公孫子派兵伐蔡、克蔡獲蔡侯來歸，於是我上〈齊相書〉（見《荀子‧強國篇》），建議齊相在「處勝人之勢，行勝人之道，天下莫忿」之時，不必動真刀真槍，費力地征服鄰國，只消求一仁厚通明之君子，託王之命，與之參國政，正是非；如是，則國孰敢不義」（《荀子‧強國篇十六》）。

記：您所說的「求一仁厚通明之君子」是誰？

荀：我自我推薦，當仁不讓。

記：公孫首相有沒有用您？

荀：是時齊君以「世界警察」身分自居，矜功不休，所到之處莫不耀武揚威，我早已料到「一國作謀，三國起而乘我」。

記：史載第二年，燕以樂毅為上將軍，合秦楚韓趙魏之師以伐齊，攻下齊國七十餘城，要不是田單保即墨，齊就亡了。

三、去齊、入楚、二度赴秦

荀：是年秦楚鏖戰，我立刻去齊入楚，看看有沒有機會效棉薄之力……

記：楚國上下正於焦頭爛額之餘，如何聽得進去您的仁義禮樂之道？

荀：這下我才死心塌地的回到齊國，幹我的「稷下學士」；而且一幹就是十年，三次輪值當會長（祭酒）。

記：「讀書、教書、著書；眼耕、舌耕、筆耕。」布衣粗食，過著「無冕王」的生活，也是一大樂事。

荀：其間還多次到燕國進行學術交流，擔任訪問教授。兩次入秦……

記：見到想見的人了？

荀：第一次見到秦昭襄王，與之談論「儒效」。

記：何謂儒效？

荀：秦昭襄王認為：儒無益於人之國；我則反勸他要用儒士，行儒術。儒者在朝則行美政；在野則行美俗……能這樣的話，孝弟以化之，自西自東、自南自北，無思不服（《荀子．儒效第八》）。

記：這簡直是雞同鴨講，永無交集。

荀：第二次我見了應侯范睢，范睢劈頭就問我：入秦何見？

記：這翻做英文是"What is your first impression of this country?"，問得沒頭沒腦的，您如何回答？

荀：固塞險、形勢便，山林谷美，天材之利多，是形勝也（《荀子・強國篇第十六》）。

記：這是秦國的「硬體」建設！

荀：觀其風俗：其百姓樸，不污不佻；其百吏肅然，恭儉敦敬；其士大夫不朋比為奸，結黨構派；觀其朝廷，聽決有效，百事不留，是個強國的徵兆。遺憾的是，未能用儒術治理國家。

記：那個時候大家著眼於富國強兵之策，誰個跟您道孔說儒的。這下到處碰壁，您才知道儒士、儒術的狗皮膏藥，無三小路用！

荀：我到處碰壁，碰得我心灰意冷，恨不能跳入易水河，自我了結，效屈原以明志……

記：那個死老頭臨死還不開悟，有道是：「舉世混濁而我獨清，眾人皆醉而我獨醒……」其實「獨醉」的是他，他一直沈「醉」於烏托邦之鄉。

荀：有天我忽然之間，腦門天靈蓋像是被閃電閃過、被雷公擊中似的開竅了。

記：怎麼說？

荀：隨著封建經濟制度的發展，建立一個政治制度統一國家，已是時代不可避免的趨勢，我勢必要批判、綜合各家思想截長補短，建立一個集大成的思想體系。

四、儒骨法皮・一代宗主

記：您身為儒學傳人，您怎麼看「法先王」？

荀：儒家所謂的「法先王」，只是設定一塊「神主牌」，用以掩蓋一己臆學邪說的「遮羞布」而已！

記：您如何批判他們？

荀：子夏、子游之儒乃賤儒、俗儒；墨翟、宋鈃等人的社會主義，全然不知「一天下、建國家」的真諦；慎到、田駢之重勢，徒然製造獨裁恐怖政治。

記：您是內儒外法？還是儒法合流？

荀：老子有云：「失道而後德，失德而後仁，失仁而後義，失義而後禮；夫禮者，忠信之薄，亂之首也。」（《道德經‧第三十八章》）時代前進的巨輪，老子早就點出了。

記：您的意思是：老子開口道、閉口德；孔曰成仁，孟曰取義；到了您崇禮勸樂，已是末世之流。

荀：失禮樂之後必然治以法、術之勢。

記：於是您的得意門徒韓非成了法家之集大成。

荀：所以我說法家是道家和儒家的混血兒，自然成為當時的寧馨兒。

記：您口口聲聲的夫子之道，又說是儒家傳人！

荀：本來就是啊！還有什麼疑問？

記：您跟孔老夫子到底什麼關係？請您說清楚，講明白，我們學術界向來是涇渭分流，黑白分明；一是一，二是二。可不像政治界那樣齷齪，一會兒「藍綠對抗」；一會兒又「藍橘聯盟」，更有的「黑白顛倒」、「藍綠泛紫」的……不一而足。

荀：正是「一年好景君須記，最是『橙』『黃』『橘』『綠』時」（蘇軾

〈贈劉景文〉）。

記：可說是一個「五色雜陳」的時代。

荀：你聽我說嘛！孔子之學傳子夏……

記：這個我知道，子夏在西河當教授，他繼承了夫子的教育思想。

荀：子夏傳曾參，參傳魏人李克；克傳魯人孟仲子……

記：夫子之道走國際化後又回到本土化。

荀：孟仲子傳根牟子，根牟子傳到我，然後再傳魯人大毛公……

記：二度回傳成就了「毛詩」。

荀：我不蓋你吧，我也是儒學正統；輸人嘸輸陣，我的學術地位不敢說超越孟軻，但與他並駕齊驅，和老夫子成三足鼎立之勢。

記：此時您已經四十二歲，您要如何跨出您「致君堯舜上，再使風俗淳（杜甫詩）」的第二春的事業？

荀：時當戰國末期，既無考試中舉之路，亦無「九品中正」之法。

記：那麼開個「學術研討會」，或「公聽會」、「辯論會」……的自拉自唱，也可以啊！

五、國政辯論‧議政於王前

荀：於是我立刻回到祖國，和臨武君議兵於趙孝成王陛前……

記：這主意倒不錯，能在國王面前和他的國防部長論辯國防政策、國安體系與兩岸關係，只要您贏了辯論，說不定國防部長下台鞠躬，輪您做了。

荀：那天辯論主題有三：孝成王首問：請問兵要？

記：臨武君如何回答？

荀：臨武君對曰：「上得天時，下得地利，觀敵之變動，後之發，先之至，此用兵之要術也！」

記：說的有理，那您要如何回應？

荀：不然！用兵攻戰之本，在乎壹民；弓矢不調則羿不能以中微；六馬不和，則造父不能以致遠；士民不親附，則湯武不能以必勝也，故善附民者，是乃善用兵者也！

記：您強調人和！著重在王道之師，而非霸道之兵！

荀：其次，王又問，何謂王者之師？

記：何道？何行？可以致王道之師？

荀：君賢者其國治，君不能者其國亂；隆禮貴義者其國治，簡禮賤義者其國亂；治者強，亂者弱，是強弱之常也。

記：對於「人性論」，您認為人性本惡說。主張以禮治人，積善化性。亦即以禮為宗，以善為至。

荀：禮起於何也？曰：人生而有欲，欲而不得，則不能不求；求而無度量分界，則不能不爭；爭則亂；亂則窮。先王惡其亂也，故制禮義以分之，以養人之欲，給人之求……（荀子・禮論篇）。

記：然後王又問：為將之道？

荀：知莫大乎棄疑；行莫大乎無過；事莫大乎無悔（《荀子・議兵篇》）。

記：然後又議兵？

荀：凡兼人者有三術：有以德兼人者，有以力兼人者，有以富兼人者，彼貴我名聲，美我德行，欲為我民，故群門除塗以迎吾入（〈議兵篇〉）。

記：總而言之，言而總之，一言以蔽之：您的「王制」、「君道」、「強國」、「議兵」之道，都在於以仁義為本，以禮樂為宗，從事於潛移默

化之效。

荀：如此，近者親其善，遠方慕其德；兵不血刃，遠邇來服，方是長治久安之道。

記：當時的國君們，大都猴急於一時的富國強兵，完成「祖國統一大業」之神聖使命，何來聽命於您這一腐迂宇闊之論？

荀：選舉得天下是一時的，治國安天下仍是永久的。

記：不世之英雄豪傑如果遇到愚癡的頭家百姓，不給您政治舞台，您除了吐血三斗，沉江自盡外，只好投荒去國，隱忍苟活，最後鬱死溝壑！可憐、可悲的荀卿先生，我為您哭泣！

荀：我不「歡喜做」，我不「甘願受」！我要奮力出擊！

記：於是您再度出國，碰碰運氣！

六、流落楚國‧抑鬱以終

荀：我接受楚國春申君之邀，入楚擔任「蘭陵令」。

記：蘭陵在今何處？

荀：在今山東省蒼山縣西南的蘭陵鎮。

記：那不就相當於一個小鎮的鎮長，這鎮長您幹了多久？

荀：從西元前二五五年到二三八年春申君黃歇為李園所弒，前後達十七年之久。

記：春申君一死，您的官也丟了。

荀：此時我已七十一歲高齡，舉目四望，何處是我家，我也無力搬家，定居蘭陵直到七十五歲老死為止。

記：對了！您不是有個學生叫李斯的，在秦王政處任長史，您不去找他碰碰運氣，何況您是他的「國政顧問團」團長。

荀：算了吧！學生請我當「國政顧問」，只是把我當神主牌利用一番，當作號召罷了，那是一個榮譽職而已！

記：怎麼說？

荀：你聽過韓非的故事沒？

記：沒聽過！

荀：韓非是我另一個學生！

記：也是李斯的學長，比李斯更出色。

荀：韓非著有《孤憤》、《五蠹》二書，秦始皇讀了之後，歎曰：

「嗟乎！寡人得見此人與之遊，死不恨矣！」（《史記．老子韓非列傳》）

記：李斯告訴秦王說：「此韓非之所著書也。」

荀：秦王因而下令急攻韓國，韓國只好派韓非出使秦國。

記：結果呢？

荀：李斯兄在秦王面前毀之曰：「韓非，韓之諸公子也。今王不用，久留而歸之，此自遺患也，不如以過法誅之。」

記：結果呢？

荀：秦王以為然，下吏治非。李斯使人遺非藥，使自殺。韓非欲自陳，不得見。

記：李斯為什麼要殺他的同學？

荀：因為韓非比他強，如果秦王用韓非，李斯就不能專美於秦王前，必然消滅他；同學都不能用，你想他還會自找麻煩，用他的老師來滅自已的威風？

記：然則什麼情況下，才會提拔他的同學？

荀：除非他那同學比他遜，而且要遜多了才會用他。

記：哇！這十分符合您的性惡論學說。

集大成緒儒門　開愚蒙立理規
～朱熹訪問記～

南宋的朱熹，集周（敦頤）、邵（康節）、張（載）、程（顥、頤）思想之大成，成為一位理學大師。

朱熹自幼好學不倦，努力不懈。他十九歲考上進士，到福建同安縣擔任主簿（相當於縣府主秘一職），任期一滿便辭官回家。二十四歲時，拜李侗為師，自此即專心研究二程思想，深入理學堂奧，立志成為一名哲學家。綜計他一生七十一歲的生命中，斷斷續續的當了九年地方官，以及四十幾天的太乙宮兼崇政殿說書，秘閣修撰，主管南京鴻慶宮——總算是中央官員。

由於朱熹一生孜孜不倦於讀書、教書、寫書，從事於經典之著作，計有：《資治通鑑綱目》六十卷、《朱子大全》一百卷（包括《周易本義》十二卷、《易學啟蒙》四卷、《論孟集注》三十四

卷、《大學中庸章句》、《近思錄》）……等；又由於他不辭勞苦的從事於論辯、講學、研討等「學術交流」活動，在他生前，已被學者所尊崇，爭相趨前受教，自成學派之一（餘為濂、洛、關三派），及其死後，由於學生的四處遠布，廣為宣傳，竟然影響了政府的考試政策。自元朝開始、經明、清歷七百年之久，他的《四書集注》以及《詩集傳》、《周易本義》等書，成了科舉考試取士的唯一「一綱多本」的法定教材，其影響之大，實屬空前，連孔老夫子都要嫉妒得頭頂心冒煙。

孟子曰：「立天下之正位，行天下之大道。……富貴不能淫，貧賤不能移，威武不能屈，此之謂大丈夫。」（《孟子・滕文公下》）我中華民族自春秋戰國所蓬勃發展「九流十家」之思想文化瑰寶，首經「秦火」的焚書坑儒——以威武屈之；次經漢武帝的「獨尊儒術、罷黜百家」，設五經博士從事獎勵——以富貴淫之；再經朱子《四書集注》的「考試大全科指南」的指定——考取即可脫貧離賤。中國人的學術思想、文人氣節全被摧毀殆盡；不可否認的，朱子要負百分之四十的責任——秦始皇與董仲舒各負百分之三十的責任。

朱子，他有話要說！

一、濂洛關閩．四大掌門人

記：朱熹先生，您好，請接受《國文天地》記者的專訪。首先，請自我介紹一下。

朱：我姓朱名熹，字元晦，又名仲晦、晦庵，別號晦翁。宋徽州婺源人士。

記：熹者，晨光熹微，天微明之意；晦者，陰曆每月最末一天，不見月亮，昏暗之意，名與字豈不自相矛盾。

朱：這在「名字學」上，叫作「對文」，「名」與「字」相反，以求「生態平衡」。

記：您可能深受儒家「中庸之德」的影響，歷史上可有這類的 example？

朱：有啊！像晉代陶淵明自取字為潛；唐朝韓愈字退之。

記：對啊！元朝趙孟頫（俯）字子昂……，我們民國有個連戰叫永平

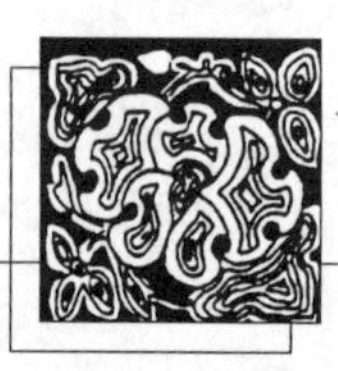

的。

朱：那「水扁」應該字「混圓」才對！

記：為什麼有人稱您「紫陽先生」而不名？

朱：先父曾讀書於故鄉歙縣紫陽山，我初居福建崇安時，築書院於武夷山的五曲，因而牓曰紫陽，所以有人叫我紫陽先生。

記：以誌鄉關而不忘本之意。

朱：後來我在建陽廬峰之巔的雲谷，築一草堂曰「晦」，自號雲谷老人朱晦庵，或晦翁；晚年卜居於考亭，又被稱呼考亭先生。

記：那麼二千三百萬的台灣人都可自名為「台灣之子」啦！

朱：說的也是。豈容一人獨擅！

記：前頭您說您是安徽婺源人，宋朝理學四大門派，您所領導的應該叫「徽幫」才對，怎麼叫「閩派」呢？

朱：因為我第一次做官在福建，講學亦在福建，從學弟子也大部分是福建人，故以「閩」字結派，至於「徽幫」那多難聽，全是銅臭味，不可與書香味同日而語。

二、小時了了，大也必佳

記：說說您小時候的事體。

朱：我父名松，號韋齋，為羅從彥（西元一〇七二～一一三五年）的學生。

記：誰是羅從彥？

朱：他是楊時楊中立（西元一〇五三～一一三五年）的學生。

記：那誰又是楊中立？

朱：他是洛學河南程氏二夫子（程顥，西元一〇三二～一〇八五年；程頤，西元一〇三三～一一〇七年）的學生。

記：這麼說，令尊是洛學的三傳弟子；那他一定十分醉心於聖賢之道……

朱：他每天都要誦讀《大學》、《中庸》等典籍，全心全力於格物、致知、誠意、正心……的工夫。

記：您不但承繼了宋代理學，而且還集理學之大成，真可說是「青出於藍勝於藍」了。

朱：不敢，不敢！總求有所精進就是了。

記：令尊不但有學問，還做過大官？

朱：考過進士，曾任司勳吏部郎中。

記：那是多大的官？

朱：吏部相當於現今銓敘部，長官為吏部尚書，侍郎是為次長。下設吏部、司封、司勳、考功四司；而司的長官為郎中，副長官為員外郎。

記：哦！我知道了！相當於現今銓敘部銓審司司長就是了！

朱：不過，他的司勳吏部郎中沒幹多久，就退官居住在家……

記：是因為「政黨輪替」的關係，「舊官僚」不能配合「新政府」的緣故？

朱：那也不全是。而是與丞相秦檜的政治理念不合之故也。

記：他親自指導您這個寶貝兒子？

朱：在我四歲大時，父親攬我於懷，指著天空說：「這是天！」我便問：「天上是何物？」

記：敢情那時候，您已知道「天人合一」的道理？

朱：我父親驚訝得不得了！五歲就教我讀書，八歲讀《孝經》，題簽

「不若是，非人也」；十歲讀《孟子》，有「聖人與我類者」之感應。

記：您從小就立志做個聖人？

朱：我父認為我「孺子可教也」，把我交給胡憲、劉勉之、劉子翬三人，奉之為師。不過，在我十四歲時，我父去世。

記：從此，家境變得十分艱困？

朱：我不得不投靠父執劉子羽先生為活；還好，我那時候已會教書了。我十八歲中舉，次年登進士第，授泉州同安主簿。

記：從此，一帆風順，足以仰事俯蓄，過其安樂的一生。

朱：不過，我任主簿方一任，就辭官回家……

記：怎麼？官不聊生乎？

朱：我覺得還是讀書最樂，我拜李侗為師，專心致力於「二程思想」的研究。

記：企圖深入理學堂奧，立志做一名哲學家。

三、理氣二元論

記：您是宋明理學大師。首先，請教一下，何謂「理學」？

朱：理學又稱「道學」。

記：此道何道也？

朱：乃孔孟之道。

記：意即您們這夥人自認為是得聖賢孔孟不傳之學……

朱：我們講修身、為人、治國、平天下的大道，故稱為「道學」，因而建立了「道統」。

記：您們無視於漢、唐諸儒？

朱：儒家思想經「八代之衰」（魏、晉、宋、齊、梁、陳、隋、唐），到了唐代韓愈、李翺師徒二人的「原道」、「原性」的提倡與呼籲，儒家思想已進入一個新境界……

記：什麼樣的新境界？

朱：鄙視漢儒瑣碎章句之說，進而專研修己、治平、天人之際；換句話說，全心致力於一種「做人」的工夫。

記：既生而為人，那有不懂「做人」之道？

朱：非也！自唐末五代之亂以來，道德崩壞，廉恥喪盡，人心麻痹，已到了無以復加的地步……

記：您們這班儒人，以天下為己任。決志要振衰起敝，企圖從學問修養上推己及人，挽救人心，拯救社會。

朱：我們不但講求道學，更強調「道統」，凡合乎這個系統的儒者，即為正統；否則為「非正統」。

記：當然您們也免不了也受到佛、道的影響；尤其禪宗「明心見性」之說。

朱：換句話說，我們要建立一種「新儒學」！

記：敢問其詳！

朱：天地初開，只是陰陽之氣……氣之輕清者便上升為天、為日月、為星辰，只在外，常周環運轉；氣之重濁者在中央，不動，渣滓沉澱在下……（《朱子語類・卷一》）

記：這是您的「宇宙論」，出於《易經》，開啟了日後法國天文學家拉布拉斯（Laplace, 1749–1827）的「星雲說」，以及英國天文學家金斯（J.H. Jeans, 1877–1946）的「瓦斯進化說」。

朱：我以周濂溪的《太極圖說》為本，融合了邵康節、張橫渠與二程子（程顥、程頤）之說，提出「理」、「氣」二字。我是學哲學的，我不

曉得我的理氣二元論，是否構成六、七百年之後天文學家的思維。

記：我始終相信「哲學乃一切科學之母」。

朱：我以為「太極生陰陽，理生氣也」。

記：您以太極為理，陰陽為氣。

朱：理是本體，氣為作用。

記：理是形而上之學，氣是形而下之學。

朱：我更以為「窮理以致其知」、「反身以踐其實」，人得於理，方能得性。

記：推之倫理哲學：仁、義、禮、智、信，便是人的天性；惻隱、羞惡、恭敬、是非之心，便是情。

朱：以五倫為修己治人之要，進而「己所不欲，勿施於人；行有不得，反求諸己」乃接物之要；「正其誼不謀其利，明其道不計其功」乃處事之要；「言忠信，行篤敬，懲忿窒欲，遷善改過」乃修身之要；「博學之，審問之，慎思之，明辨之，篤行之」乃為學之要。

記：這是您的「知識論」，我在〈白鹿洞書院學規〉這課書中讀過。您承繼《中庸》「人心惟危，道心惟微」之說，強調明心見性。

朱：心如水，性猶水之靜；情則水之流；欲則水之波瀾（見《朱子語類・卷五性理二》）。

記：意即這心涵蓋動靜二端，靜者是性，動者乃情與欲。

朱：《中庸》說：「喜怒哀樂之未發謂之中，發而皆中節謂之和。」

記：這喜怒哀樂之未發是靜，是性；發而皆中節是動，是情；發而踰越者是為欲。By the way，您所強調的「明心」與佛家禪宗的「明心」有何不同？

朱：禪宗明心在於「常樂我淨」；新儒家的明心在於「格物致知」！

記：西哲亞里斯多德（Aristotle. B.C. 384-322）的哲學，在於論究一切實在的原理，亦著重於天地之本體論，稱之為「第一哲學」。您們之間有何異同？

朱：世界上的學問，大抵不外兩種……

記：那兩種？

朱：不外「事理學」與「物理學」。

記：而其源頭皆來自「道體論」——亦即天地本體論。

朱：西洋哲學從哲學進入物理學；中國哲學從哲學進入事理學——

誠意、正心、修身、齊家、治國、平天下……

記：因而西方以科學見長，中國則以人倫為要。

四、居敬、窮理

朱：人性如果能夠不墜在氣質之中，隨著氣質為性，便能與本然的理相符合。

記：此即「性即理」之道？

朱：換句話說，真正的人性是義理之性，義理之性就是賦予人身上的「理」，既然人人都有此性此理，因此，人人都可以成為聖人。

記：您要立志做聖人？這太難了罷，難如上青天！

朱：要做聖人，只要下兩個工夫！

記：是那兩大工夫？

朱：第一是居敬，用「敬」來涵養人心，使這個心不至於放失偏差，久而久之，自然虛靜澄明，不被外物所蒙蔽。

記：這是「內修」工夫。

朱：第二是窮理，窮理則在格物，格物則在讀書……

記：您是個「萬般皆下品，唯有讀書高」的忠實信徒。

朱：聖賢道統，全都記錄在書上，讀書便能體察聖賢的遺意，吸取聖賢的教誨。

記：這是「外鑠」的工夫，那又如何讀書呢？

朱：首先辨明讀音、字義，釐正句讀章節；其次玩味其中義理，最後必歸於「自得」。

記：此即所謂「自得其樂」。「書中自有黃金屋，書中自有千鍾粟，書中自有顏如玉」，就是這個意思，現在的學生只愛看漫畫，都不愛讀書，一提到讀書，一個頭兩個大。

朱：這是升學惡補教育下的反動，孰令致之？何人為之？

五、朱陸鵝湖之會

記：談談您跟陸九淵的「鵝湖之會」——那可是我國歷史上第一次的「學術研討會」呵！

朱：淳熙二年（西元一一七五年），有個呂祖謙（西元一一三七～一一八一年）出面邀集陸九淵、陸九齡弟兄倆和我以及弟子們，相會於江西

鉛山縣的鵝湖，論辯當時朱、陸兩大理學門派論點的異同。

記：誰是陸九淵？

朱：九淵字子靜，號存齋，江西撫州金谿人，乾道八年登進士第。他與其兄九韶、九齡同為當時理學名家。

記：他也是個「失意的知識分子」？

朱：他登進士後於隆興（孝宗紀年）年間，任靖安縣主簿。他曾給皇帝「陳五論」。

記：意即呈「上國事萬言書」。

朱：一論博求天下俊傑；二論願致「尊德樂道」之誠；三論知人之難；四論事當馴致而不可驟；五論人主不當親細事。

記：昏庸的皇帝，每天在皇宮中，「創造宇宙繼起之生命」，不甩他？

朱：皇帝非常欣賞他，立刻升他為「監丞」。

記：監丞是個什麼樣大的芝麻官？

朱：我朝（南宋）行政區域分十六路（相當於省），下轄一百九十個府、州、軍、監；再轄七百零三縣（見顧祖禹《讀史方輿紀要》）。

記：它是一種與府、州同級的地方行政特別區域，隸屬於路。

朱：對！通常是在礦冶、鑄錢、牧馬、製鹽……等地區設置之。

記：有如今日大陸的「廣（州）大（連）上（海）青（島）天（津）」經濟特區與港、澳政治特區一般，「監丞」即副監令，也是一個「肥灼灼」的肥缺。

朱：誰說不是呢？結果被給事中（相當於現今總統府國策顧問的頭銜）王信駁回，改派為台州崇道觀。

記：他當然不爽，不如歸去開家教班算了！

朱：學者群集，每開講席，必客滿，居象山，自號象山翁，學者稱象山先生。

記：您們鵝湖之會是否有「交集」？會後有否發表「聯合宣言」？

朱：沒有！那場論辯簡直是雞同鴨講，各說各話，無從交集。

記：當年針鋒相對、互不相讓的連宋，都可組成「聯合陣線」；再往前推，水火不容的國共兩黨，都「共同」抗日過，說不定國（民）、民（進）兩黨，有天也會形成「統一戰線」。

朱：我主「道學問」、「言理氣」；他則主「尊德性」、「重心主」。

記：您主張從讀書入手，窮理才能治事，理明則可以正心、誠意。亦即人性即真理。

朱：他主張「明心以見性」，人心即真理。一個人若能「收拾精神自作主宰」，則自然而然「萬物皆備於我」！

記：陸象山認為宇宙即吾心，吾心即宇宙；「吾心即道，道外無事，事外無道。」

朱：我已經是個唯心論者，陸則更是個「絕對的唯心主義者」。

記：其實您們兩人同尊綱常，同扶名教，同宗孔孟，並無背於「夫子之道」。

朱：我們都重視修身養性，都以儒家仁義之道為歸宿。

記：只是象山之學失之過於簡單空洞；而您晦庵之學，則失之支離瑣碎。兩人應該在「異中求同」，以求宋明理學之發達為己任。

朱：話是這麼說，可是文人相輕自古已然，沒什麼話好說的。

六、理學的形成與影響

記：孔孟的儒學為什麼到宋朝會突然出現「理學」（又叫「道學」）這

玩意兒？

朱：儒家思想的孔孟之道從春秋戰國、歷秦漢、經隋唐、到南北宋已踰一千六百餘年之久。在「窮則變，變則通，通則久」（《易繫辭下》）的鐵律下，儒家學者不再專事章句、考證、訓詁之說；而思從做人修身的義理下工夫。

記：這是卡爾・馬克思（**Karl Marx, 1818-1887**）的質量互變定律，凡事均從量變到質量。

朱：從漢儒的章句之學到宋儒的心性之學，不也是一種「質變」嗎？

記：為何會有這樣的改變？而且不遲不早發生於兩宋之交？

朱：儒家道統自孔子傳曾子，曾子傳子思，子思再傳孟子，孟子以後而絕……（見《宋史・道學傳》）

記：您們周、程、張、朱四大家，從事「儒學道統」斷而復續的承先啟後的工作。

朱：是的！我們以「道統」為己任！

記：是否另有社會背景？

朱：唐朝自安史亂後（西元七五五～七六三年），即一蹶不振，集內

憂（藩鎮之亂、宦官之禍、牛李黨爭）、外患（回紇之橫、吐番入寇、南詔之叛）之極，接著五代（後梁、後唐、後晉、後漢、後周）十國的殘局……

記：由於外夷入寇、戰爭頻仍、刑戮慘酷、社會黑暗、民生疾苦，整個社會形成寡廉鮮恥的頹敗風氣。

朱：所以我們要強調理學氣節，不僅男子講究忠孝節義，即或女子也特重名節……

記：甚而強調「餓死事小，失節事大」。

朱：有宋一朝忠臣義士、義夫節婦極多，繼兩漢之後蔚為最輝煌的時代。

記：您們把「國家興亡，匹夫有責」，輕輕的轉移到手無寸鐵、弱不禁風的小女子身上，另外嘛！還造就了一批「平日袖手談心性，臨時一死報君王」的偽君子。於國家、於民族，又有何補？

朱：凡事有一利亦必有一弊，當時我們也無法預料。

記：「代誌有一好無二好」，就是這個意思！那麼在政治上又產生了何種影響？

朱：理學的提倡，在政治上固不乏忠君愛國、砥礪名節之士，但也因為理學家們持論太苛，矯情負氣，自不免有意氣之爭，形成了「元祐舊黨」與「紹聖新黨」之爭。

記：「黨」者「尚」「黑」也，意即一群「逐臭之夫」——黑心者，爭著與黑道、黑金掛鉤，從事政治鬥爭的行為。

朱：東漢時期，李膺、陳蕃的黨錮之禍，釀成黃巾之禍與董卓之亂，漢朝社稷因而覆亡。

記：唐朝不也這樣嗎？

朱：西元八三〇年的牛（僧孺）李（德裕）之黨爭，竟然弄得文宗皇帝左右為難，不知所措，也直接間接地引發亡唐的導火線。

記：貴朝王安石、司馬光的「新舊黨爭」，引發了蔡京與童貫的相繼用事，還不是伏下兩宋敗亡的先兆。

朱：黨爭、黨禍……自古即有，於今為烈罷了！不過處在二十一世紀，「中華民國在台灣」的民主發皇時代，應該有了理性的「政黨政治」才對！

記：據內政部的公報顯示，台灣政黨早已超過一百個之多。

朱：豈不破了「金氏世界紀錄」……

記：說的也是，按光譜的排列次序已有紅、橙、黃、綠、藍、靛、紫之分。

朱：你這記者愛說笑，那有這麼荒唐的事，請舉例以說明，否則你就犯了「加重毀謗罪」，可是會動搖國本的喔！我只知道有泛藍、泛綠之分，那有……

記：此次選總統主張投廢票，不也叫泛紫聯盟，共產黨是赤黨，豈不是紅黨；新黨是橙黨、親民黨是橘黨；還有那個「台灣拔拉蓮霧黨」，簡稱「台蓮黨」，就是黑黨！

朱：我認了！我搞不過你們！

七、作詩無益，飲酒有害

記：您是宋朝理學大家，不但書讀得好，書也寫得多，留下詩作一千四百多首。近讀金性堯選注的《宋詩三百篇》，發現您被入選的好詩，只得兩首；關於這點，您要不要說明一下。

朱：詩詞賦曲乃雕蟲小技，故而壯夫不為，我在〈寄江文卿劉叔通〉

一詩中自注：「僕不能詩，往歲為澹庵胡公以此論薦，平生僥倖多類此。」

記：意即您對詩文有欣賞能力和獨到見解，但「不為作詩而寫詩」，作詩只是個媒介而非目的。

朱：我即使寫詩，仍不時露出理學氣，不尚酸腐之氣。像我的〈觀書有感〉……

記：您是三句話不離本行。

朱：「半畝方塘一鑑開，天光雲影共徘徊；問渠那得清如許？為有源頭活水來。」「昨夜江邊春水生，蒙衝巨艦一毛輕，向來枉費推移力，此日中流自在行。」

記：這是寫景、寫物、寫流水，有如一幅淡墨小品……

朱：前一段我寫的是在磨墨；後一段寫的是我提筆為文，在循序漸進中窮理，初學時要勉力推移，往後就自由自在了。

記：是這樣的嗎？那首〈水口行舟〉呢？

朱：「昨夜扁舟雨一蓑，滿江風浪夜如何？今朝試捲孤篷看，依舊青山綠樹多。」

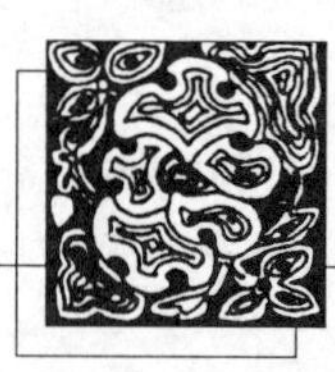

記：管他什麼狂風暴雨，您祇披著蓑衣躲著它，最後必然雨過天青向陽日。這首詩自然也不單是寫景。

朱：指宰相韓侂胄的政治迫害而言……

記：他怎麼迫害您？

朱：他以行政權操弄司法權，判決我之所學為「偽學」，禁止開班授徒，把我的「紫陽書室」（在福建崇安縣）補習班斷水斷電，我只好遷地至長溪。

記：政治迫害，自古即有。

朱：只是於今為烈而已！

記：處在黨爭發皇時代，您認為文人不用心於世事，終日書空咄咄，只知吟哦唱和，作無病之呻吟。

朱：說的正是：「近世諸公作詩費工夫，要何用？元祐時（宋哲宗年號，西元一〇八六～一〇九三年，正是黨爭熾烈時期）有無限事要理會，諸公卻盡日唱和而已。今言詩不必作……然到極處，當自知作詩果無益。」（見《朱子語類》）

記：這我理解。因為您一心想學做聖人，吟詩填詞，唯恐分散了為學的工夫；另一方面，當然也一定堅決反對飲酒。

朱：我認為喝酒不但荒廢聖人之學，也容易說錯話，得罪人，誤國、誤事、誤人……

記：聽說您還是「禁酒黨」黨員之一。

朱：不錯！請看我如何告誡我的大兒子朱塾：「不得飲酒，荒思廢業。亦恐言語差錯，失己忤人，尤當深戒。」〈與長子受之〉

記：聽說您還替「禁酒黨」做過戒酒廣告。

朱：「近日一種向外走作，心悅之而不能自已者，皆準止酒例戒而絕之，似覺省事。」〈答張敬夫〉

記：戒酒之後神清氣爽，寫作文思源源不斷。因此，您到處勸人戒酒。

朱：我自始立志做聖人，勸人戒酒遠色是我本分。

記：那麼這首〈次韻擇之進賢道中〉：「白酒頻斟當啜茶，何妨一醉野人家，據鞍又向岡頭望，落日天風雁字斜。」又作何解釋？您又如何自圓其說？假道學一個。

朱：？？？?!

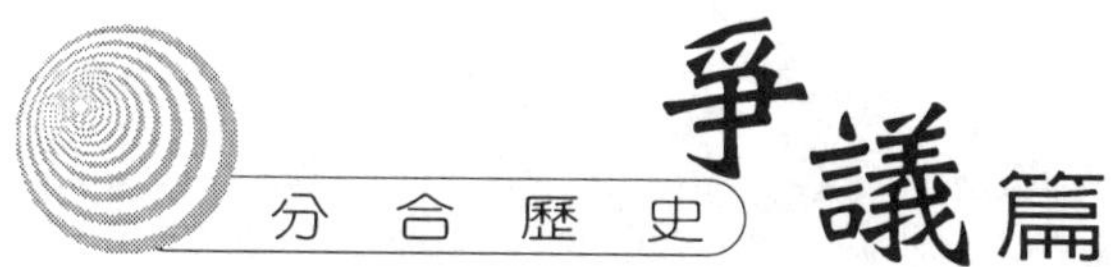
分合歷史
爭議篇

誤國之能臣?內戰之英雄
～李鴻章訪問記～

在中國近代史上，晚清出現了一位關鍵人物。不論生前死後，人們對他都是褒貶互見，至少到目前為止，他雖被「蓋棺」已久，卻難以「定論」於一時——他就是李鴻章。

自同治九年（西元一八七〇年），李鴻章擔任直隸總督兼北洋通商大臣，到光緒二十二年（西元一八九六年），任俄、德、荷、比、法、英、美等七國專使，在二十六年間，他幾乎包辦了所有的外交交涉事項：從「天津教案照會」（西元一八七〇年）、「中日天津修好條約」（西元一八七一年）、「中日琉球懸案」（西元一八八一年）、「中法天津和約」（西元一八八五年）、「中英緬甸條約」（西元一八八六年）、「中日馬關條約」（西元一八九五年）、「中俄密約」及「中俄新約」（西元一八九六年），到他垂死之年（西元一

九〇一年）還力疾從公，與八國聯軍訂了「辛丑和約」。這些條約無一不是喪權、辱國，集割地賠款之大成，使大清帝國淪於萬劫不復之地。於是有人大罵他「誤國之能臣，亂世之奸雄」。

李鴻章處在一個「數千年未有之變局」，所遇之對手又是「數千年未有之強敵」；加上積弱的政府，昏庸無知的女主，在「弱國無外交」的鐵則下，各種談判、交涉，都必須以武力為後盾。與其戰敗求和，割地賠款，未若及早讓步委曲求全。

是時的「大清大帝國」，「像個體弱多病的人，如果好好醫治調養，都可能會傷及元氣；如果再好勇鬥狠，最後必定會有性命之憂。」（李鴻章語）儘管棄朝鮮、琉球、台灣、越南，讓港澳、緬甸，東北、塞北、西北等大片土地；但始終保持住如今之「中華人民共和國」這隻「老母雞」的「固有領地」，並且行有餘力，還可以和平收復港九、澳門。

如今我們翻開世界地圖：阿拉伯帝國何在？占地球面積五分之一的「南島樂土」何在？大非洲聯邦、南美洲聯邦又何在？莫不在帝國主義侵略的鐵蹄下，宰割、宰制到分崩離析，難以回神。要是沒有自喻為「裱糊匠」的李鴻章，硬頂著頭皮，挺著病弱的身子，訂定這些「不平等條約」的話，中華帝國早在八國聯軍時，就已經被列強瓜分殆盡了。

李鴻章有話要說，有冤要訴……

一、先世姓許．過繼李姓

記：請為《國文天地》廣大熱情的讀者群，做個自我介紹如何？

李：我姓李本名章銅，字漸甫，號少荃，安徽省合肥人。

記：合肥在那？

李：長江與淮河分別南北橫貫安徽全境。淮河以北宿州地區稱皖北；淮河長江之間蚌埠、合肥地區稱皖中；長江以南蕪湖、宣州、黃州稱皖南，以文風為盛。

記：為何叫合肥？

李：淮河有一支流叫肥水，從西邊流經我們家鄉，會合了東邊來的施水，是兩水會合處，所以名之為合肥。

記：就是謝安、謝石、謝玄父子姪三人大敗前秦苻堅八十萬大軍的地

方，自古即為兵家必爭之地。

李：位居巢蕪盆地，地處大茅山、天目山、黃山、九龍山、霍山、八公山之間。我父文安先生曾以「春城聽鶯，秋園訊竹，荷軒賞雨，梅屋鎖寒」的詩句，來形容它的四時風光。

記：也稱得上是「人傑地靈」了。

李：我父與李夫人育有瀚章、鴻章、鶴章、蘊章、鳳章、昭慶等六兄弟、兩姊妹，與祖父母過著「晴耕雨讀」的耕讀生涯。

記：慢著，慢著！令尊姓李，怎麼令堂也姓李，這在封建時代違反「同姓不婚」之禁例，如何使得？

李：我家祖先原姓許，在八世祖迎溪公時娶了同村李姓小姐，且將第二個兒子「慎所」過繼給李家，從此我這一支才改姓李；所以對於族外的李姓均可以通婚，族內許姓反而不可以聯姻。

記：您們這樣子以耕讀為業，到什麼時候才發跡？

李：我祖殿華公是武庠生（即武秀才）；但兩次鄉試均未第，從此棄功名，未再踏入科場；我父文安先生在道光五年（西元一八二五年）中秀才，但屢次參加鄉試均未中，只好在家開館為生。

記：也順便帶子姪們讀書，把「希望」寄予下一代，那豈不牢騷滿腹？

李：說的也是！有詩為證：「百行從來重顯揚，秋風幾度愧槐黃；蔣山曉色滄江月，旅舍晨昏近十年。」

記：從乙酉（西元一八二五年）初應鄉試（舉人）不第，至癸巳（西元一八三三年）連頭帶尾總共九年，四度均未中舉，免不了心灰意冷。面對著蔣（鍾）山、長江（江南鄉試試場在南京）不勝感慨繫之。

李：自不免於借酒澆愁，有詩為證：「年來落魄多貪酒，老去猖狂半在詩；到底不除文字累，雕蟲時作壯夫為。」

記：看來您父擅長於詩詞，卻不專於科場制藝（八股文）。

二、科場未舉，焉知非福

李：我父的毅力實在可圈可點。他終於在道光十四年（西元一八三四年）甲午中江南鄉榜第九十六名舉人。

記：這下可出頭了，真所謂「十年寒窗無人問，一舉成名天下知」。

李：舉人只是個經歷，實際上是「無三小路用」的！

記：怎麼會呢？

李：舉人的頭銜提高個人聲望有餘，但要「釋褐」為官則尚嫌不足！

記：正所謂「革命尚未成功，同志仍須努力」的寫照。

李：我父親「仍須」積極準備參加會試。他再經四年的努力，連續參加三次的會試（其中道光十六年丙申是恩科會試），方於道光十八年（西元一八三八年）戊戌科進士及第。

三、父子伴讀．其樂融融

記：換句話說，令尊從道光五年考中秀才，經十三年的全程打拚，方取得進士，朝考入選分發刑部。

李：由於家貧子女眾多，其間只好課徒為生，我們兄弟三人（瀚章、鶴章與我）也就陪著父親讀書。

記：這倒是「塞翁失馬，焉知非福」。

李：怎麼說？

記：令尊在前後十三年的科考生涯中，除了乙未、丙申（西元一八三五、六年）兩年因會試不第，留京讀書，和丁酉（西元一八三七年）這三年未在家外，其餘全都陪著您這些子姪們讀書？

李：十餘年來，他盯住我們的功課，並且耳提面命，不分寒暑，盡心盡力，使得我們晚輩學業精進。

記：奠定了日後科考的基石。

李：我父經過十三年的長期抗戰，終於在道光十八年（西元一八三八年）會試發榜，以一百一十二名貢士，三甲進士及第。

記：正式「釋褐」任官？同科又有那些人？

李：朝考後，分發刑部，以刑部主事任官，後升任督捕司郎中，記名御史；同榜的還有曾國藩以三十八名三甲進士，朝考後授翰林院庶吉士。

記：令尊與國藩誼屬「同年」，您應該受到「曾夫子」的特別照應才對！

李：我於道光二十年（西元一八四〇年）十九歲時，與長兄瀚章一起入學成為秀才，二十三年以優貢入京師。

記：何謂「優貢」？

李：意即貢入國子監當生員的一種途徑。每三年由各省學政從生員（即秀才）中考選一次，每省不過數名，也無錄用條例……

記：這貢生是幹嘛的？是一種資格考還是任用考？

李：明、清兩代，凡考取秀才屬於府（州、縣）學的，稱「生員」；但若考選升入京師國子監讀書者，不再是府、州縣生員，而稱之為貢生；意即將人才貢獻給皇上。

記：這國子監簡稱國學，表面看，好似現今國立大學；其實它是一種補習教育，用以補強課業，以利參加舉人（鄉試）級的考試而已。

李：貢生計有歲貢、恩貢、拔貢、優貢、副貢之分。

記：這「歲貢」應該是每年考選的；「優貢」是每三年考選一次，「拔貢」是每十二年（逢酉年）考一次；那「恩貢」和「副貢」呢？

李：恩貢是每逢皇帝登極或國家慶典頒布為「恩詔」之年，是年除歲貢外，加選一次；副貢是指前年鄉試入副榜的，亦可以選入為貢生，以資補救。

記：總之，政府想盡辦法，以各種方式，將知識分子一網打盡，「盡入吾彀」中，以維繫社會的安定。

李：窮畢生之力，從事無用之學，賺得英雄盡白頭矣！

記：這些歲貢、恩貢、拔貢、優貢和副貢的，是否也代表了某種程度的「旁門左道」，以示躐等。

李：普天之下那有所謂「平」的事兒？人間沒有兩個人的指紋雷同的；世間也沒有兩片葉子的葉脈相同的；進一步的說，連「水平」都是不平的！

記：「水平」基本上應該是平的才對，因為「水就下」；否則大家為什麼要說「水平」？

李：大西洋和太平洋的水位就是不平，否則巴拿馬運河又何必如此地大費周章？何況某種程度的「不平」，正顯示出普遍的平等。

記：這我懂！自從熟讀《老子》以後，我已知道其中的「矛盾」和「統一」了。

四、感時局之混沌，恨不躍馬中原

李：道光二十二年（西元一八四二年），因鴉片戰爭失敗而訂立南京條約（原稱萬年和約），計十三條。包括割讓香港、賠款二千一百萬兩，開割地賠款之先例……

記：您感慨萬千？

李：有詩為證：「蹉跎往事付東流，彈指光陰二十秋；青眼時邀名士賞，赤心聊為故人酬。胸中自命真千古，世外浮沉衹一漚；允愧蓬萊仙島客，簪花多在少年頭。」（〈二十自述之一〉）

記：您恨不立即得意考場，能為國效勞！

李：「丈夫事業正當時，一誤流光悔後遲；壯志不消三尺劍，奇才欲試萬言詩。聞雞不覺先起舞，對鏡方知頰有髭；昔日兒童今弱冠，浮生碌碌竟何為？」（〈二十自述之三〉）

記：欲酬壯志之心，躍然紙上！

李：「丈夫隻手把吳鉤，意氣高於百尺樓；一萬年來誰著史，三千里外欲封侯。」（〈入都〉）

記：我讀過您〈入都〉詩十首，已具澄清之志，而以天下為己任，奠定日後以詞臣率淮軍，平定捻亂的心念。

李：「遍交海內知名士，去訪京師有道人；倘無駟馬高車日，誓不重回故里車。……即今館閣需才日，是我文章報國年。」

記：您抱著交友訪師的心理進京，可有收穫？

李：我以「年家子」的身分，拜列在曾國藩的門下，朝夕過從，求義理、經世之學。

記：有用嗎？

李：當然有用！道光二十四年我應順天恩科鄉試，中式第八十四名舉人，曾師薦我於何仲高幕府。

記：您在何府如何讀書？

李：何乃道光初年翰林，學問淵博，與他公子伴讀，晨昏請講，獲益不少。

記：他怎麼教您讀史、讀經？

李：史宜日日看，不可間斷；讀經時先窮一經，一經通後，再治他經，不可兼營並騖，一無所得。

記：那可要有十分的耐性！

李：讀經以研尋義理為本，考據名物為末。讀經有一「耐」字訣。一句不通，不看下句；今日不通，明日再讀；今年不精，明年再讀，此所謂耐也。

記：專心、耐心乃是讀書不二法門，也是為官作宰的不二法門。我承認讀書時我做到了；但做官時沒有做到！

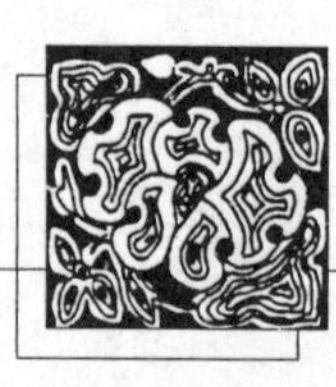

李：所以窮其一輩子，您連科長都沒幹到，東跳西跳的，永遠在專員、編審、秘書等非主管職務之間遊弋；始終無法獨當一面。

記：曾夫子除了教您作文要「著意經史，貫通致用」外，對書法是否也有所啟示？

李：曾師教我落筆結體，以「珠圓玉潤」四字為主。前者以「活」字濟我不足，後者以「圓」字成我其功。

記：我看您這一生剿捻、辦外交、訂條約，全以「活」與「圓」二字竟其功。

李：說的也是！

記：唉！我這一生就是寫字鋒芒畢露；治事、處世、做人也都太心急，未得「事緩則圓」之巧。

李：我經過再次的會試，終於在道光二十七年（西元一八四七年），二十五歲時，以二甲第十三名進士及第，朝考後改翰林院庶吉士。

記：那年有誰跟您同榜？

李：和郭嵩燾、帥遠燡、陳鼐等三人同榜，而且都是曾師的門下。

記：難怪曾國藩說：「丁未館選後，僕以少荃（即鴻章）及筠仙（郭

嵩燾）、帥逸齋（遠焯）、陳作梅（鼐）四人皆偉器，私目為丁未四君子。」（〈曾文正致瀚章函〉）

五、平天國、摧枯拉朽

記：有清一朝，進士出身，不外兩個出路：第一，進翰林院做了窮翰林，熬上十年才得以學正、督撫之類的頭銜出仕；第二，立即派充縣長走馬上任，集立法、司法、行政三權於一體的「父母官」。

李：我先授翰林院庶吉士，接著擔任武英殿纂修、國史館協修等一連串的職務。

記：武英殿是幹嘛的？

李：它是故宮博物院內的一個藏書館，從事修書、校刊、裝潢等工作……

記：那是正途學歷的頂點；不過只是從七品官而已，往往炭薪不繼，兒號寒、妻啼饑的。

李：一面培養資望，一面等機會外放嘛！

記：何不直接要求下放正七品的縣太爺，除了「肥灼灼」可撈油水

外，又可榮歸故里。

李：你這「近視」又「老花」的記者真沒出息；我問你，自古以來有幾個縣長能名留青史的……錢多又有什麼用？

記：說的也是，只要您能熬，熬個十年、八年，搞不好祖上積德，念符塗咒的，念多了，也會出運，幹到教育部長也把不定呵。

李：開玩笑！又不是幹「童乩」出身的，念符塗咒那有「三小路用」！

記：說不定時來運轉，真的幹上了「中華民國教育部」的「大部長」。

李：然後再把台灣地圖向東扭轉九十度，成了「背（北）枕大亞洲，左日、韓（青龍），右菲、印（白虎）；日本海和南海成為我的地中海；東海、黃海、渤海成為我的內陸湖；南控菲律賓海，進出太平洋」。

記：您把方位都弄亂了，這叫「仙拚仙，惹死猴齊天！」把學生都搞糊塗了。

李：管他的，只要名留青史就好了，這年頭不狂、不妄，枉費少年頭。

記：從道光二十七年（西元一八四七年）到咸豐十一年（西元一八六一年）前後十五年，您就「清湯掛麵」喝您的「翰林貢丸湯」？

李：俗語說：「時到時擔登，沒米著煮番薯湯。」這也是沒有辦法的事，其間雖然回合肥辦過團練，五年之間跟著洪秀全的軍隊像捉迷藏一樣，也曾在曾師的幕府中任幕僚……

記：在恩師的幕府中還愉快吧！

李：我是隻「老母雞」（安徽人），進入吃辣椒的騾子（湖南）部隊，不論生活習慣、想法作法，都大大地有出入，我不變成一盤「宮保辣雞丁」就不錯了！

記：那怎麼辦？

李：我一度離開曾營回家賦閒，又一度想到福建沈葆楨那兒看能否有所發展！

記：結果您還是回到曾國藩處？

李：老師就是老師，他不但知道「我的心」，而且還知道我要的是什麼！

記：說的也是，大凡英雄豪傑，想要立萬留名，都必須有人提拔，有

所依循，從未有人憑空「彈跳」，就能直上青雲。

李：咸豐十年（西元一八六〇年），曾師以兩江（江蘇、江西、安徽）總督欽差大臣督辦江南軍務，駐守安慶，居中調度，大有反撲太平軍之勢。

記：自咸豐六年（西元一八五六年）太平天國內訌：殺楊秀清、韋昌輝；石達開出走後，勢力大衰，只剩陳玉成（英王）、李秀成（忠王）等獨撐殘局，已成強弩之末之勢。

李：這時曾國荃（曾師胞弟）有直搗金陵之師、彭玉麟有肅清長江下游之旅，大江以北有多隆阿（攻廬州）、李續宜（援潁州），大江以南有鮑超（進甯國）、張運蘭（剿徽州）、左宗棠為浙江巡撫規復兩浙……

記：此時湘軍對太平軍已成九面包抄之勢，差只差「一舉破瓜」之局。

李：曾師認為湘軍歷經險阻，利於山戰，平原追逐、水陸交戰已非所長，加之用武十年，已呈疲憊之象；宜另成一軍以補其不足。

記：於是命您到合肥，成立淮軍？

李：淮上民風強悍，足以馳驅平原，利於運動戰。曾師思裁湘軍另建淮軍。同治元年（西元一八六二年）正月，正式成立淮軍於安慶……

記：淮軍是以什麼基本部隊組成的？

李：(1)是安徽省廬州、合肥的鄉勇組成「樹」字營（張樹聲、樹珊、樹屏三兄弟領導）、「盛」字營（周盛波、盛傳兄弟領導）、「銘」字營（劉銘傳領導）、「鼎」字營（潘鼎新領導）。

(2)「勳」字營：由湘軍調撥六個營成立，以鮑超手下勇將楊鼎勳為首，全都洋槍裝備，出戰時擔任前鋒部隊。

(3)「開」字營：是以太平軍降將程啟學所帶領的「長毛軍」改編而成；開者啟也。

(4)郭松林一軍：曾師老部下派屬於淮軍。

記：這淮軍官兵只認將領，不識國家為何物，是謂「軍閥」一詞之濫觴？

李：團結一心最為要緊！

記：就這樣！在湘、淮兩軍的夾擊下，加上火器精良的洋槍隊〔英人戈登（Charles George Gordon, 1833-1884）領軍〕助陣下，終將為時十五年，遍及半個中國的太平天國平定。

李：江南平亂後，曾師大量裁湘軍，士卒遣送回籍……

記：此時淮軍已成天下干城！

李：我亦上奏請准裁減淮軍一半，只留三萬人，以備不時之需。

記：為何要裁淮軍一半？

李：「夫佳兵者不祥之器，物或惡之，故有道者不處。」（《道德經．第三十一章》）古有明訓。

記：這「物或惡之」又是什麼意思？

李：人家會討厭的。

記：這「人家」是誰？

李：佛曰：不可說，不可說！

記：呵！我知道了！老百姓厭煩他，同僚眼紅他，皇上擔心他……那又為什麼要留一半，不如像曾師那樣全裁了！

李：「師之所處，荊棘生焉，大兵之後，必有凶年」（《道德經．第三十章》），意即大亂平定之後，軍事問題雖然解決，但社會問題仍然存在，而且還會衍生政治問題；所以，必有餘亂！

記：這真是一針見血之論！

六、剿捻亂、殺雞用牛刀

李：太平天國滅亡後，其殘餘部隊和捻民合流，造成捻亂。

記：何謂「捻」？

李：捻者，捏也，鄉人避難逐疫，捏紙燃脂為龍戲，謂之「拜捻」。

記：這本是黃淮流域農閒期間（正月十五左右），鄉民人手一捻（是時無火柴，亦無打火機）以備點燈籠、舞龍燈之用；猶如現今鹽水蜂炮節，用以祈福、禳災、驅疫之用。

李：有心人士加以利用，漸漸演變為盜寇，而出現了以朱染鬚，號為紅鬍子……

記：太平軍興，他們亦乘機蜂起……

李：咸豐二年十月，安徽亳州捻首張洛行占據蒙城雉河集起事，並接受太平天國的封號為沃王。

記：捻亂勢如燎原？

李：他們從安徽亳州擴展到河南、山東，更進一步的進入江蘇，到處流竄滋事。同治四年（西元一八六五年），蒙古八旗名將僧格林沁被捻民

圍困，戰敗身亡，朝廷為之震驚！

記：這豈不成了太平天國後的另一個「五省大動亂」！

李：慈禧太后下令，命曾師為欽差大臣，督辦山東、直隸、河南三省軍務，全力剿捻……

記：您呢？仍任江蘇巡撫？

李：我繼任兩江總督，助剿捻亂……

記：捻是一股流寇，在河南、河北、山東、江蘇、安徽等五省黃淮大平原流竄，你追我趕的，豈不疲於奔命？

李：曾師採圍堵政策，沿著大運河築長牆七百里，以防捻民東進……

記：牆是死的，人是活的。防得了嗎？兩千年前的「始皇意識形態」再度復活？

李：這不啻是鯀的治水法——圍堵法，結果捻民賴文光和張宗禹等突破運河防線向東推進，反而形成東西捻的屏障。

記：這下可就疲於奔命了！

李：曾師最後以「剿捻無效」為由，請求去職，回任兩江總督，由我接替欽差大臣，統領節制湘、淮各軍繼續剿捻；此時捻民到處流竄，除了先前的皖、豫、魯、蘇、直五省外，更擴及湖北、湖南、山西、陝西、甘肅，勢如燎原，幾乎不可收拾。

記：還好天佑大清，在三年內終於殲滅了捻亂。

李：接著是苗亂、回亂、拳亂……無不亂作一團。

記：您從同治元年（西元一八六二年）四十歲成立淮軍，到同治七年（西元一八六八年）平定捻亂為止，前後七年全都在平定內亂，對大清的苟延殘喘，自有其不可磨滅之功勳！

李：我對朝廷有補天浴日，再造之功。素有「東方俾斯麥」之美稱。

記：人家俾斯麥（**Bismark, 1815-1878**）任德皇威廉一世（**William I, 1797-1888**）首相達三十年（西元一八六二～一八九〇年）。歷經對丹（西元一八六四年）、對奧（西元一八六六年）、對法（西元一八七一年）三次對「外」戰爭，使德國從分裂到統一再到強大。

李：我在七年間一剿太平天國，再剿捻亂，至少使朝廷延續四十年之國祚。

記：人家對外戰爭殺的是法國人；您是(1)以漢殺漢；(2)為滿人異族作倀；(3)吃漢人之糧而殺伐漢人。成為歷史上繼曾國藩而起的第二號「內戰

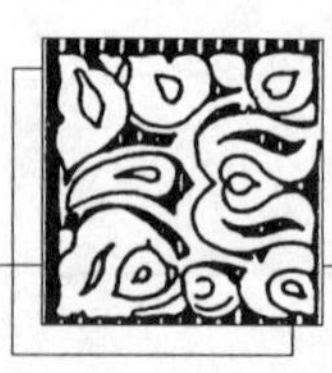

英雄」，尤以「蘇州殺降」事件，連洋將戈登都鄙視您。

李：這也是不得已的事。

記：「江山代有人才出」！繼您而起的袁世凱、段祺瑞（皖系）、馮國璋（直系）、張作霖（奉系）、蔣介石（黃埔系）、李宗仁（桂系）……無不踵事增華，成為「內戰英雄」家族的一員。

七、天津教案·委曲求全

記：太平天國與捻亂的平定，您這位「內戰英雄」立刻身價百倍，清政府是怎樣謝您的？

李：那年（同治九年，西元一八七〇年），曾師在直隸總督任上，發生了「天津教案」。

記：何謂天津教案？

李：同治九年五月二十一日，在天津捕獲了一批誘拐幼童的盜匪，彼等招認將拐騙來的幼童，賣予外國教士供剖心挖眼之說。

記：拐騙販賣幼童是事實，若說挖眼剖心恐非真相，這當然是一種「內鬼通外神」的事兒。

李：匪徒武蘭珍供出法國教堂教士王三授之以迷藥行事。

記：這可是一件國際交涉事件。

李：當然嘍！根據「領事裁判權」不平等條約的規定：國人犯案由國人審判，洋人在華犯案，由洋人審判；凡牽涉中外人士之案件由中國地方官員與領事官會同審辦。

記：是為「會審公廨」。

李：於是三口（天津、上海、廣州）通商大臣崇厚會同法國領事豐大業三堂會審，豐大業竟然……

記：當堂發飆？

李：豈止發飆，簡直發瘋，他腰別洋槍兩桿，口出不遜，將署內擺設、布置隨意破壞，拔出雙槍，朝天津縣令劉杰等隨意射擊，並傷及百姓……

記：簡直是無法無天！

李：結果激起了圍觀群眾的憤怒，當場擊斃外人二十名（其中法國十七人，俄國三人），並焚毀教堂。

記：中國人命向不值錢；洋人的命可是無價之寶，這下可闖了大禍

……尤其在拐騙幼童查無實據，而暴民殺人放火則是眼前顯見之事實。

李：法國公使羅淑亞來了照會：要求將天津（知）府、縣（長）二人抵命，並找出凶手二十人正法；否則……

記：否則怎樣？

李：英、法、美、俄四國軍艦將「自由行動」……

記：意即發動第三次英法聯軍，搞不好變成四國聯軍。

李：曾師處於內外交迫，窮於應付，乃倉皇求去，由我接任直隸總督。

記：曾師那年已屆六十之齡，又身染重病，實在是心勞力絀，無能為力；您要如何蹚這渾水？

李：我略用徽州「痞子功」，終於把各國擺平了。

記：何謂痞子功？

李：「痞子」是我們徽州土話，意即賴皮功。換句話說，在「以時間換取空間」的最高指導原則下，極盡推、拖、拉、扯之能事。

記：當然還得以笑臉迎人，因為向來「伸手不打笑面人」！這段痞子功太厲害了，願聞其詳。

李：當我獲諭轉調直隸總督時，我立率親兵八營，自西安（是時為欽差大臣駐蹕西安）行抵井陘、獲鹿、正定而保定……

記：帶兵旅次行軍，讓對手知道您是有備而來，有意進行武裝談判。

李：到了保定後，我藉口調養肝疾為名，逗留不進。

記：您真的是「急性肝炎」發作？那會死人的喔！

李：你別詛咒人了，我那有肝病；我只是藉機停留，等待曾師將教案滋事人等議罪正法後，再前去接篆就直督之職。

記：以免接任之初，就冒天下之大不韙，做了惡人，您真的深懂為官之道。

李：曾師曾說過「李少荃拚命做官，俞蔭甫（樾）拚命著書」的話。

記：就在您抵達正定那天（同治九年八月初六，西元一八七〇年九月一日），普法之戰「色當」一役，法軍大敗，法軍死傷二萬五千名，法皇拿破崙三世、大元帥以及十多萬將士頓成普魯士俘虜，接著九月四日發生了法國大革命……您都不知道？

李：遠在千里之外之事，我怎麼會知道！

記：普法之戰的結果，訂立法蘭克福條約：法國割阿爾薩斯與洛林兩

省給普魯士，並賠款六十億法郎予普魯士的情形下，您還跟這個幾乎亡國的戰敗國簽訂——「賠款四十七萬兩，知府張光藻，天津縣劉杰充發黑龍江，『凶犯』正法者二十人，充軍者二十五人，並派通商大臣崇厚趨法道歉謝罪。」這就是您「中法天津教案照會」處理的最後結局。

李：天津教案緝凶、賠款，極其卑辭厚禮，面面俱到，法國就算敗於普魯士，也應該感受到中國人之人情味，窩心之至！無疑是雪中送炭！

記：我現在才知道史家為什麼說您是「誤國之能臣」；而當時朝野並不知道是普法之戰幫了您的忙，還認為您的聲望、韜略遠遠地超過令師國藩之上。

李：形勢之所在，在「國中無大將，廖化做先鋒」的情形下，從此我一肩挑起了國家二十六年的對外交涉事件。

八、自強運動不自強

李：當我歷經中法「天津教案」，對日「中日修好條約與通商章程」談判後，才知我中國正處於「三千餘年來一大變局」，我們必須直起而追，學習西洋各項長處，力謀自強，方能適應這個變局。

記：您是時任直隸總督兼北洋通商大臣，將何以自處？

李：我於五月十五日（陽曆六月二十日）上奏。

記：其要點有那些？

李：(1)西人恃其船堅砲利，橫行中土，自強之道在乎師夷之長以制夷。

(2)中國士大夫，仍囿於章句之學，昧於千年大變局；狃於目前之苟安，而忘卻三十年前（鴉片戰爭）之創痛。

(3)國家諸費皆可省，獨養兵、設防、練習槍砲、造兵輪之費，萬不可省。

(4)採煤煉鐵，可大開利源，藉以養船練兵，有助於富國強兵。

記：真是高見，於是全國上下如火如荼的推行所謂的「同光自強運動」；又稱「洋務運動」，有那些重要項目？

李：(1)在北京和上海分別設立同文館與廣方言館，教授外語；之後又增設天文算學館。

(2)在上海設「江南製造局」，並附設譯書局，成為兵工廠兼造船中心。

(3)在福建馬尾設立造船廠及船政學堂，先後造船四十餘艘。

(4)設天津機器製造局。

(5)每年派「小留學生」三十名出國學習。

(6)辦招商局輪船公司，開平礦務局，上海、湖北織布局，漢冶萍公司，漠河金礦……

(7)設醫學堂、造紙廠、火柴公司……

記：猗歟盛哉！通全國之力以辦新政，這下中國立成世界第一等富強之國，傲視四夷。

李：那曉得二十五年（西元一八九五年）後的中日甲午之戰，大清大帝國竟然敗於蕞爾小邦日本三島。

記：代誌耐吔按呢？

李：我才發覺我辦了一輩子的事：練兵也、海軍也，都是紙糊的老虎，何嘗能實在放手辦理，不過勉強塗飾，虛有其表，不揭破猶可敷衍一時。如一間破屋，由裱糊匠東補西貼，居然成一淨室；雖明知為紙片糊裱，然究竟不知裡面是何等材料。即有小小風雨，打成幾箇窟窿，隨時補葺，亦可支吾對付，乃必欲爽手扯破，又未預備何種修葺材料，何種改造方式，自然真相畢露，不可收拾（見吳永《庚子西狩叢談》）。

記：這就是甲午戰爭失敗之癥結所在，也是您「痞子工夫」的圖窮匕現。

李：說實在的，自強運動之失敗，其原因有四：

(1)領導中心不健全：女主弄政，自大又自私，對於世界新形勢缺乏認識，對於國家近代化欠熱心。

(2)領袖人物缺乏實權：曾、李、左、沈（葆楨）、張（之洞）、丁（日昌）等人，只能在各自督、撫權限內推行或局部、或重複之所謂「新政」，無法像日本那樣全國上下、全面齊頭並進。

(3)缺乏新企業實事求是之精神，仍然停留在逢迎、浪費、假公濟私的惡習中。

(4)異族統治、各有心結。新政有如養虎，既要虎兒長得快、長得壯，又怕虎兒反噬，致有養虎遺患之慮。

記：您們推行新政，只求器物、技藝之精進，而不求制度的改革、文化思想之啟蒙，無異是「緣木求魚」，徒勞而無功。

九、裱糊外交、千穿百孔

李：我自同治九年（西元一八七〇年）任直隸總督兼北洋通商大臣，經常參與外交事務，從外賓接待、外交談判到條約的簽訂，我無不參與其事。

記：成為滿清末葉外交顧問兼外交決策者達三十年之久。

李：從同治九年（西元一八七〇年）的「中法天津教案照會」到光緒二十七年（西元一九〇一年），前後達三十一年之久。

記：其間您到底跟外人訂了些什麼條約？

李：一八七〇年的「中法天津教案照會」。

記：懲凶、賠款、道歉、謝罪……集屈辱之大成。曾國藩終身以此「內疚神明，外慚清議，深自引咎」。辦涉外事件，竟然到了委曲求全，唾面自乾的地步，這是您師徒兩人不世之傑作也。

李：一八七〇年與日本訂立「中日修好條約與通商章程」。

記：內容呢？

李：規定兩國人民彼此可以在對方國內通商口岸居住貿易，互有領事裁判權與關稅協定。

記：這總算是個完全平等互惠的條約。

李：不過條約才商訂、完成立約手續，日本即挑起台灣牡丹社事件。

記：何謂牡丹社事件？

李：同治十年（西元一八七一年），有一批琉球漁民遭颶風飄流到恆春牡丹社，為台灣生番所殺。

記：琉球與台灣都是中國領地，領地之人相殺，其裁決權在我，關日本他媽的屁事！

李：說的也是，可是中國總理衙門並不處理，認為生番都是化外之民，時常殺人，也難以窮治，懶得管他！

記：您不管，日本人就來管了！

李：兩年後（西元一八七四年，同治十三年），日本派遣陸軍中將西鄉從道率領海陸軍到恆春討伐生番，占據番社，殺死許多番民。

記：朝廷說不定還不知這碼子事兒！

李：的確不知道，是英國大使轉告才知的！於是我就請英國大使順便調停此事。

記：您秉著什麼原則處理這牡丹社事件？

李：祇要不興兵作戰，做小部分的退讓和賠款是可以的……

記：這是痞子功外交的傳統手法，委屈順從，含糊答應，畏夷如虎，視民如草，寧可人負我，不可我負人……

李：在北京簽訂「中日台灣事件專約」。

記：內容如何？

李：「中國承認日本行為正當，日軍退出台灣，中國賠款五十萬兩（內含琉民撫恤銀十萬兩，軍費四十萬兩）。

記：您認為小小的退讓，贏得了和平，何樂而不為？

李：說的也是啊！

記：可是您知道這下等於您承認了琉球是日本的屬地了，種下了日本日後（光緒五年，西元一八七九年）廢琉球國王，呑併琉球，改琉球為沖繩縣，間接的引發了朝鮮事件、中日甲午戰爭，最後丟了台灣，賠款兩萬萬兩銀子。

李：「中國是個愛好和平的國家。對於強大的外人，一向講究和平，尤其對凶悍的外人，縱令騎到頭上來拉屎撒尿，也都寬宏大量，坦然受

之。」（見朱桂《偉大的中國人》）

記：這是中國崇洋媚外文化特色之一。

十、誤國條約一訂再訂

記：中堂大人，您這一生除了前邊所說的：「天津教案照會」（西元一八七〇年）、「中日天津修好條約」（西元一八七一年）、「中日琉球懸案」（西元一八八一年）之外，到底與外國人訂了多少個不平等條約？

李：一八八五年六月九日，與法駐華公使巴德諾締結「中法天津和約」，亦稱「中法越南條約」。

記：內容是什麼？

李：中國完全承認越南為法國所有，且可擴張勢力於內地（廣西、雲南），取得邊境地界建築鐵路的優先權……

記：在鎮南關與諒山大捷之餘，還訂立喪權辱國之條約，與中國有兩千餘年領屬關係的越南（秦置象郡、漢置交趾、九真、日南等四郡），從此脫甌而去。

李：戢兵、懷柔乃我朝泱泱大國之風。

記：標準的「寧贈外邦，不與家奴」的買辦心態，您跟曾（國藩）、左（宗棠）、沈（葆楨）都是一丘之貉。

李：你怎麼這樣子說我們呢？

記：一八五一年（咸豐元年），洪秀全在廣西起義，以「天下者中國之天下，非胡虜之天下也；衣食者中國之衣食，非胡虜之衣食也……」為號召，您們為何不響應，反而組織湘、淮兩軍，與之對抗？

李：他們以上帝教為號召，破壞中國傳統，反對祖先崇拜，拆毀廟宇，焚燒孔孟之書，引起知識分子的不滿……

記：同一時期兩次的英法聯軍（一八五八、六〇年），他們還不是焚廟宇、焚圓明園……您們不但不抵抗，還與之訂立「四國天津條約」與「英法北京續約」，不但賠款八百萬兩，准通商、准內河航行，凡耶穌、天主之教一體保護……哦！中國人傳上帝教就破壞中國傳統，外國傳基督、天主就不破壞中國文化！

李：那是促進中西文化交流嘛！

記：更令人髮指的是：提供金錢、資源，資助美人華爾（Townsend Ward）、白齊文（Burgevine）組「洋槍隊」；英人戈登（Charles George

Gordon）等為「常勝軍」，這無異是雇傭外國流氓，使之成為軍官弁目，殘殺中國人（見陳登原《國史舊聞》八一一常勝軍）。

李：這是權宜之計，沒得辦法的事……

記：這無異是「豢虎殺狼」，更是「引鬼入邦」也。

李：我以為戈登之流乃嚮慕中國之徒！

記：無非「唾面自乾」之詞，還有一九〇〇年七月二日……

李：是時我任兩廣總督，奉調直隸總督兼充北洋通商大臣，北上主持庚子之役與八國和談事宜。

記：全國鐵路總公司督辦盛宣懷分電兩江（江蘇、江西、安徽）總督劉坤一、湖廣（湖南、湖北）總督張之洞、兩廣（廣東、廣西）總督李鴻章等與各國駐上海領事，訂立「東南互保條約」。

李：這真是鬧熱滾滾的世紀末的一年。

記：怎麼說呢？

李：國內三大河流域都發生大動亂……

記：首先是義和團在黃河流域，打著「扶清滅洋」的口號，到處燒殺作亂，基本上也是一種延續太平天國、捻亂、苗亂、回亂火花的農民起義

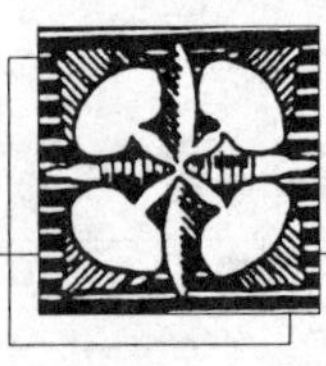

運動，只是太后黨們將之因勢利導，招致了「八國聯軍」之役。

李：其次是保皇黨唐才常等「自立軍」在長江流域漢口、武昌、漢陽等地，揚言「勤王」，與會黨聯合起義。

記：是時孫中山的興中會與三合會、哥老會合作，決定由鄭士良主持惠州起義事。滿清政權已日薄西山，岌岌可危，這下端看您的「出處」了，一個不小心，天下四分五裂……

李：這時候香港總督卜力（Blake）在何啟博士的遊說下，透過我的僚屬劉學詢勸我宣布兩廣獨立，與孫中山聯合救國。

記：您心動了嗎？而且從「東南各省自保」到「東南各省獨立」是輕而易舉的一小步。

李：但也是改變歷史的一大步。一九〇〇年六月十七日，我自廣州乘招商局「安平輪」離粵，經香港時，受到壯盛儀隊及禮砲十七響的盛大歡迎。我上岸勾留一夜，拜會港督及各國駐港領事。

記：您會見了港督了嗎？

李：當然！這是國際禮儀，行客拜會坐客！

記：您們談了些什麼？

李：港督勸我不要離粵，維持治安最為重要，而且刻下時局，是兩廣脫離清廷獨立的最佳時機；更進一步的推薦孫作為我的顧問。

記：您心動了？

李：獨不獨立是一回事，但英夷懷的是何鬼胎？誰知道！兩廣本是英法兩國的勢力範圍，這下我豈非聽命於英國不可，只好漫應之：「八國聯軍未攻陷北京前，不便有所表示！」

記：假如八國聯軍真的攻陷北京，您會宣布兩廣獨立嗎？

李：不會，如此一來，中國豈不分裂為三？

記：那三個中國？

李：東北中國、華北中國、兩廣中國，分別受制於俄國、德國與英國……

記：現今不也是「大陸中國」、「台灣中國」、「西藏中國」、「新疆中國」……

李：不說也罷，人才濟濟，漢奸不時出……

記：您在香港待了一天，從事國際形勢的觀察，十八日乃乘「安平輪」，二十一日抵達上海，您是否鼓輪直上天津？

李：我在上海上岸，身體小有不適，擬略作休養，取道袁浦由運河北上，並奏請賞假二十日……

記：您又在耍「痞子功」！

李：事緩則圓嘛！你懂不懂這個道理；我若在混亂中前去議和，不但找不到和談的對象，搞不好老命都會丟的，總要等到渾沌初定，水清見魚，方可從事。

記：像您這樣推、拖、拉、混的，一直到什麼時候才訂立和約，聯軍退兵？

李：直到第二年（西元一九〇一年）九月七日方與德、奧、比、西、美、法、英、義、日、荷、俄等十一國簽訂了「辛丑和約」，各國稱為「北京議定書」（Peking Protocal）。

記：為什麼稱為議定書，而不叫條約呢？

李：議定書無須經過皇室批准手續，即可拍板定稿，以免人多口雜，橫生枝節。

記：從去年（西元一九〇〇年）的七月二日，您被調任直隸總督兼北洋通商大臣奉命主持和約，直到今年（一九〇一年）的九月七日才簽好和約，簽個和約歷時一年兩個月零五天，您的痞子功未免不太像話了。

李：沒辦法啊！形勢在彼不在我。能訂定和約已是不幸中之萬幸了，否則瓦德西（Count Alfred von Waldersee, 1832-1905）像個土皇帝盤據著京津不走，也是沒辦法的。

記：這個條約的主要內容有那些？

李：賠款四億五千萬兩，年息四釐，分三十九年償清，合計共銀九億八千二百餘萬兩……

記：我的媽呀，依當時的銀價約合三百億美元，一百多年前的三百億美元比之今日的三千億美元還不止，中國從此民窮財盡，內亂（軍閥）不已，加上准各國駐兵，拆毀炮台，中國已成國防洞開之地，導致日後的日本侵華、俄國併吞大小東北之局面。

李：還好只有賠款沒有割地。

記：這樣一個國困民貧的現狀，加上義和團之不畏死、不避難，挺身而出，即使有「白人之負擔」（The white man's burden）的白種至上論者，亦不敢蹚此「黃」水，故而拿錢消災了事。

李：當我簽訂「辛丑和約」後，已到了油盡燈枯，走到生命終點的地

步。現和議已成，大局稍定，仍望我朝廷堅持定見，外修和好，內圖富強，或可漸有轉機，否則必有亡國之憂矣！」

記：李中堂，您安息吧！二十世紀「中國人終於站了起來」！

宰相有權能割地．孤臣無力可回天
～丘逢甲訪問記～

丘逢甲，字仙根，又字仲閼；號蟄庵，又號倉海君。台灣省苗栗縣人，生當清末民初——一個極端內憂外患、巨大變動的時代。他的一生與台灣和近代中國有著密不可分的關係。年十四，參加台灣府童子試，得院試第一，獲「東寧才子」之譽；二十五歲中舉，名列二十八；二十六歲中進士，以詩聞名。乙未年割台，逢甲首倡「台灣民主國」以抗日，事未竟內渡，回祖籍粵東創辦書院，致力於教育事業。集義軍領袖、革命詩人、台獨分子、叛國分子於一身的丘逢甲，最近幾年忽然成了兩岸三地的爭議人物之一。這不但是一向把他當成「台灣先賢先烈」的台灣同胞深感錯愕，連丘逢甲本人都有話要說。

一、客家源流•遍布世界

記：丘先生，丘先生，請接受我們的訪問，以滿足廣大讀者「知」的權利。

丘：一部二十五史，不知從何說起。

記：讓我們來一段「尋根之旅」如何？

丘：我雖出生於台灣苗栗，但我的祖籍乃廣東嘉應州鎮平縣。我們屬於中原南遷的客家族系……

記：所謂的客家族，他們跟漢人有何不同？

丘：客家人乃正統之漢人，原居中原，只因歷朝戰亂，大舉相率南遷，自黃河流域、長江流域而至珠江流域……

記：這一外來「客家」之名，乃相對於本生「土家」而言。

丘：綜觀我國歷史，有三次大動亂，乃造成三次民族大遷徙……

記：是那三次？

丘：其一，晉八王之亂（西元二九一～三一一年），引起五胡亂華，造成民族大遷徙。

記：那第二次呢？

丘：第二次是唐朝安史之亂（西元七五六～七六三年），造成第二度的民族大遷徙。

記：第三次呢？

丘：自靖康之難，金人、元人相繼南侵，以至宋亡（西元一一二七～一二七九年），造成第三次的民族大遷徙。

記：一八五〇年太平天國之亂，再度造成民族海外大遷徙……

丘：孟子曰：「五百年必有王者興。」（〈公孫丑下〉）不幸被其言中。

記：他們的遷徙路線大致如何？

丘：第一路從中原循漢水、經洞庭湖、順湘江南下，逾五嶺古道……

記：然後呢？

丘：一路經萌渚嶺、越城嶺，順桂江、灕水南下，進入廣西；另一路經大庾嶺、騎田嶺，順北江、西江南下，至珠江三角洲，進廣東省南部。

記：這是入嶺南最早的一支漢民族，他們講所謂的廣州白話。

丘：是為廣府屬系！

記：那第二條路線呢？

丘：沿太湖流域入浙江、福建。左支入台灣；右支沿海岸南下，溯韓江而上，向潮汕移居；餘者更西入雷州半島及海南島……

記：他們講閩南語。

丘：是為福佬（河洛）屬系。

記：那第三支漢人呢？

丘：經鄱陽湖，沿贛江水系南下，經贛南、閩西山區，進入粵東，分布於今韓江、梅江、東江流域。

記：這支進入嶺南最遲，他們的語言最接近中原音韻，是為客家語系。

丘：是為「客屬」。

記：這麼說來，凡南遷的漢人均屬「廣義的」客家人，他們包括了講廣州白話的廣府人，講閩南話的河洛人，講客語的「客屬人」。

丘：這些「漢人移民群」由於太平天國（西元一八五〇～一八六四年）之亂，不斷的向東南亞、海外（美、澳、紐）移民，又形成了海外華人五大幫。

記：是那五大幫？

丘：第一支廣東幫：以廣州與肇慶為主，講廣州白話，打著「廣州會館」與「廣肇會館」的招牌。

記：第二支叫福建幫：以泉州、漳州（包括金門、廈門）人為主，講河洛語。

丘：第三支叫潮州幫：以廣東省韓江流域的潮州、汕頭、揭陽為主，他們雖隸屬於廣東省，講的卻是與河洛語相近的閩南語系。

記：第四支即客家幫：以廣東省東北部梅縣的客家人為主，擴及福建、江西、湖南、貴州……等省的客家人，以「客家會館」、「客屬總會」、「崇正會館」、「嘉應會館」為號召。

丘：第五支叫海南幫：由移居海南島的漢人組成，稱之為「瓊幫」，在海外則以「瓊州會館」相稱。

記：外加福州、福清、興化（在福建省內）、廣西、三江，是為華僑十幫。

丘：以後的台商將是新起的「第十一幫」。

二、客家與猶太

丘：為什麼人們喜歡把我們稱之為「中國的猶太人」？

記：距今約三千五百年前，傳說中的先知摩西（Moses）率領了雅各（Jacob）十二個兒子的族人，越過紅海，在今巴勒斯坦（Palestine）建立了以色列（Israel）、猶太（Judah）、奔介民（基督教譯為便雅憫）（Banjamin）等三個國家。

丘：這個地方後來被羅馬人統治過。

記：到了第七世紀，阿拉伯帝國興起，占領了這個地方，猶太人紛紛往外逃亡，成為一個流亡民族。

丘：同樣的，客家人自五胡亂華後，向中國南方遷徙，接著又向海外流亡，跟猶太人有許多相似的地方。

記：他們都是被「迫害」的族群之一。

丘：也都是一群具有強烈「同族意識」的人群。猶太人保有希伯來文化；客家人不管是身處台灣、廣東、江西、湖南、福建……，他們都操著大同小異的客家語，不為別人所同化。

記：他們兼具忍耐、勤儉與努力的特性，而且很會做生意！

丘：他們對下一代的教育非常重視，再窮、再苦，都要給下一代接受完善的教育。他們相信「窮人因書而富，富人因書而貴」的鐵則。

記：總之，您以作為一個客家人為終生之光榮就是了。現在我們回頭談談您自己吧。

丘：我生於同治三年十二月二十六日（西元一八六四年二月三日），適逢癸亥年，再過五天就是甲子年，所以給我取名叫逢甲。

記：意即要您好好用功讀書，在功名上有所成就？一語雙關！

丘：又太歲在甲曰閼逢，所以父親以「仲閼」作為我的字……

記：要想書讀得好，必須先天上有智慧，所以字仙根；那又為什麼有「倉海君」、「蟄庵」之號呢？

丘：甲午戰敗，乙未年割台予日本，我回到內地，覺得萬念俱灰，準備過隱居生活，故自號「蟄庵」，又因有感於「張良嘗學禮於淮陽，東見倉海君，得力士，為鐵椎，重百二十斤……擊秦皇帝博浪沙中……」故事（《史記‧留侯世家》），故以倉海君為筆名。

記：以示對日本不忘復仇之意。

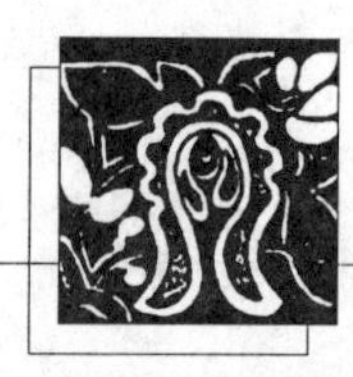

三、丘邱本一家，一邑之改

記：當我看到有人姓丘，也有人姓邱，這是怎麼回事？您們是不是一家人？

丘：太公（即姜太公呂尚）被封於齊國營丘之地（今山東臨淄），其子孫以為氏，故而得姓。

記：晉有丘遲、明有丘濬，是個古老的姓氏，又為何有人姓邱呢？

丘：清雍正三年（西元一七二五年）七月，皇帝以避大成至聖文宣王先師（即孔子）之諱為由，下令我族丘姓人士加邑為邱，讀作「期」音。

記：皇帝什麼事不好管，卻管到人家祖先的事兒？

丘：還不是一場「政治秀」。滿洲人以異族入主中國，恐人心不服，拿孔子做「神主牌」，叫人避諱，以示尊重。

記：「君命不可違」也，普天之下只好奉行如儀，那怎麼還有人姓丘呢？

丘：辛亥革命起義，各省紛紛獨立，集會於南京，成立臨時中央政府。王寵惠、鄧憲甫和我三人同被選為組織中央政府之粵省代表。

記：在帝制桎梏之下，那時您也姓邱？

丘：那是當然的事啦！不過割台內渡後，我就改姓「丘」了。

記：為何有這一改？

丘：「邱」去邑即成「丘」，表示我已失去了故鄉。民國建立後，凡清廷所加之於人民之束縛，均歸自然消失。

記：於是您乾脆提議復邱姓為丘。

丘：獲臨時政府通過，刊於公報。

記：所有姓「邱」的人從此恢復「丘」姓，怎麼現在還有人姓「邱」呢？

丘：遺憾的是，是時南京政府的行政效力僅及長江以南和珠江流域；北方另有北京政府；台灣則割讓予日本政府。

記：這下我瞭解了。以後當我看到姓「邱」的人，他一定是台灣人或大陸北方人；至於姓「丘」的，則肯定是中國南方人。

丘：至於海外華僑則丘、邱都有；因為他們有的有改，有的沒改回來。

四、小時了了，大有所用

丘：我父龍章先生號潛齋，是個以教書為生的秀才。

記：他有感於自己晉升無望，功名落空，於是把所有希望寄託在您身上。

丘：我在他老人家的全力栽培下：六歲能作對吟詩，七歲能作文；到了十四歲，已具備考秀才的實力。

記：看您身體這麼魁梧，兩眼炯炯有神，應該是個天生武將才對。

丘：我的曾祖父仕俊公、祖父學祥公，均以武藝傳家。

記：處在那個移民時代，唯有「拳頭」才能打天下，所謂“Boxing is power.”。

丘：等到社會安定之後，習武已無多大前途，進學科考方是正途，所以我父決定棄武從文了。

記：否則的話，就會一直過著極端刻苦的日子，長處於不安定的環境中討生活……

丘：十四歲那年，我父帶著我從彰化東勢角（今台中縣東勢鎮），經過七天的長途跋涉，翻山越嶺到台南府城應考。

記：沿途非常辛苦，自是不在話下。

丘：走到雙足起水泡，血流不止，只好由我父背負而行。在嘉義被一位秀才朋友笑說：「以父作馬。」

記：非常的無可奈何！

丘：我只好對以「望子成龍」。

記：一語道盡天下父母心。

丘：那年的考題是「窮經致用賦」，我從董仲舒「正其誼而不謀其利，明其道而不計其功」破題切入，以「將見研經入選，恆存捧日之心，旋看大用有期，直上凌雲之賦」結尾，未至交卷時刻即早早出場。

記：那次考試的主考學台是誰？

丘：主考官台灣巡撫丁日昌見我這麼早交卷，隨即問了我的姓名，並出上聯「甲年逢甲子」，我即對以「丁歲遇丁公」的下聯，使他大為驚訝。

記：丁大人驚訝於您的才思敏捷。

丘：我隨即奉上我的作品《台灣竹枝詞百首》。那是一種以通俗文體

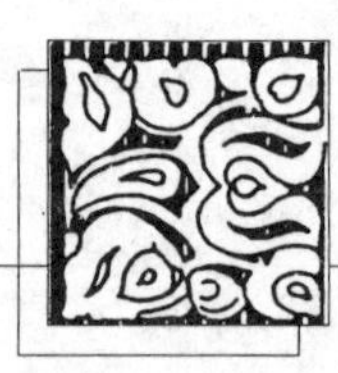

歌詠台灣風俗。丁學台高興之餘，以刻有「東寧才子」印一方相贈，以資鼓勵。

記：這下您可是少年得志，大大地有名了。

丘：接著我於二十四歲赴福州應鄉試得舉人，二十五歲赴北京應試中進士。

記：您在當時堪稱「台灣第一勇」。

丘：當時台灣的讀書人不多，加以赴內地交通困難，費用又大。考取秀才後，大都不敢前往福州考舉人，遑論赴北京考進士。

記：有清二百七十八年，台灣人士得文進士者三十六人，武進士者十二人。

丘：在全國的比例上是較少的。

記：所以台灣秀才，被稱之為「台灣蟳」……

丘：俗語台灣蟳嘸「膏」，意即後勁不足，我偏要打破「台灣蟳」的這一污名。

記：考中進士後，您立刻「釋褐」做官？

丘：我被派為工部主事，不過我沒有就任，也無意做官，仍回台灣。

記：為什麼？

丘：「工部」非我興趣所在，我的興趣在教育事業（學部）；那時正值台灣建省階段，百事待興，各方面都有得發展……尤其文教方面，我不必抱著六品小京官候缺。

記：意即成了「富鄉紳」總比「窮京官」好多了。

丘：光緒十年（西元一八八四年）清廷為防法、日兩國之覬覦台灣，下詔台灣改省，杜絕了帝國主義者的野心。

記：一百一十年後的一九九四年十二月，台灣實施首屆省長民選。

丘：完成了地方自治的壯舉。

記：那曉得前半生是日本人的李登輝，竟於一九九七年七月借修憲之名，行了廢省之舉。

丘：他莫非想把台灣變成美國的第五十一州？

記：或是日本的第五大島（北海道、本州、九州、四國、台灣）！

丘：或者成為菲律賓的第三大島（民答那峨島、呂宋島、台灣島）！

記：他吃中國、穿中國、睡中國，一心只想作為外國人。

丘：悲哉、哀哉，哀莫大於心死。

五、《台灣竹枝詞》

記：聽說您有《台灣竹枝詞》百首傳世，當年還得過巡撫丁日昌的讚賞。對了，請教一下，何謂竹枝詞？

丘：竹枝詞又稱竹枝歌，原是青年男女在山間、河畔……採竹枝、傳情愫，以歌詠男女間相思、情愛、離愁、別恨……之七字絕句。

記：那是一種戀愛寄情之章句，脫胎於《詩三百篇》。

丘：到了近代，則以吟詠風土人情為主。我當年寫的竹枝詞至今尚留有四十首之多。

記：舉個例子說說看。

丘：「唐山流寓話巢痕，潮惠漳泉齒最繁；兩百年來蕃衍後，寄生小草已深根。」

記：這是描寫台灣先人移民之況。

丘：「黑海驚濤大小洋，草雞親手闢洪荒，一重苦霧一重瘴，人在腥風蜑雨鄉。」

記：這「黑海濤大小洋」我知道意思，是形容先民們渡過澎湖黑水溝，那種「六死三留一回頭」九死一生的慘狀；至於「草雞親手闢洪荒」是否述說當年先民們手拿著「草雞仔」（鐮刀）到台開荒？

丘：你答對了一半，這「草雞」是雙關語。

記：這又如何雙關法？

丘：天干地支中，雞是那一年？

記：酉年啊！

丘：「酉」加草頭，見「耳」，「大」尾是什麼？

記：這不是「鄭」字嘛！

丘：對啦！我用以歌頌國姓爺鄭成功闢台抗清事；同時，我也在台南鄭成功祠題了「由秀才封王，為天下讀書人別開生面；驅異族出境，語中國有志者再鼓雄風」的門聯。

記：上聯我懂，下聯我卻不懂，指的是何事？驅異族出境，是指驅逐滿清嗎？這「有志者」，指的又是何人？

丘：「異族」是指荷蘭人。「語中國有志者再鼓雄風」，指的是施琅收台，施曾上奏「台灣雖在外島，關乎四省要害，斷不可棄」，批駁當年對台灣「棄地遷人」之說法。

記：您雖然歌頌鄭成功，但在「槍口一致朝外」的原則下，亦不忘肯定清廷收復台灣鞏固海防的偉大功績。

丘：正是「自設屏藩障海濱，荒陬從此沐皇恩。將軍不死降王去，無復田橫五百人」。

記：不像現在一般的政客，為了選票不惜鼓吹「民粹主義」，說海峽對岸有六百多枚飛彈瞄準台灣每一個據點……以達恐嚇的目的。

丘：台灣只有一百多公里的寬度，「殺雞焉用牛刀？」用得到洲際飛彈嗎？那是對付美國帝國主義的。

六、保台拒倭．台灣民主國

記：俗語說：「官不做，進士在身」，您自有一番風光歲月。

丘：我以為教育乃國家根本大計，國家之興亡盛衰，全然繫之乎教育；教育事業對我個人來講，更是一種教學相長不斷自我學習的工作。

記：您願意把教書當作您終生事業？

丘：教育不只是個職業，也是一種事業，更是一種志業……

記：在台灣您主講過那些書院？

丘：台中府衡文書院、台南府羅山書院、嘉義縣崇文書院，並兼任《台灣通志》的採訪師。

記：您的教育重心何在？

丘：中外歷史演進，國家民族興亡大計，用以啟迪青年，擴大知識領域。

記：不斤斤計較於場屋的得失！

丘：正是！

記：如此風起雲湧，自有一番新氣象。

丘：光緒二十年（西元一八九四年），當甲午中日之戰初起，我便為台灣前途深為憂慮。

記：何以見得？

丘：台灣緊貼亞洲大陸東南沿海，太平洋西岸，介於日本和菲律賓之間，為東西與南北海運交會之所。

記：台灣更是日本南進的前哨站。

丘：日本早已野心勃勃，垂涎台灣，勢在必得。

記：您要如何「喚起民眾」保衛家園祖宗廬墓？

丘：我利用講學的機會召集鄉民予以訓練，曉諭同胞，準備抵抗外國侵略。

丘：您早已洞燭機先，清廷之敗績，不外割地賠款。

丘：愛國之士莫不憤慨，上電清廷以示抗議：「割地議和，全台震駭……二百餘年之養人心，正士氣，正為我皇上今日之用，何忍一朝棄之？臣桑梓之地，義與存亡，義與撫台等誓守禦侮。若轉而不勝，待臣死後，再定割地，皇上亦可上對列祖，下對兆民。」

記：這真是涕泣以爭，死生以赴，無奈清廷懦弱，無法挽回！

丘：無可奈何花落去。我只好登高一呼，成立「台灣民主國」來個do it yourself，什麼都不可靠，最後只好自己來了。

記：怎麼個DIY法？

丘：請求國際主持公道，尤其俄、德、法三國干遼的國家。

記：結果俄、德、法三國以事不關己而拒絕了，卻為何干涉還遼？

丘：因為遼東半島的割讓予日，影響到俄在東北、德在山東的利益，所以才聯合法國干涉還遼。

記：意即由中國加賠三千萬兩，留下遼東半島，以便俄德兩國日後享用……？

丘：由此可見，國際上向無公理正義可言。

記：標準的「死道友嘸通死貧道」的作風。

記：紳民們還準備請英國保護台灣呢！

記：許以何種重賞？

丘：以煤、金兩礦和茶、樟腦、硫磺各稅為酬。

記：英國亦不願蹚這渾水。

丘：美國估計全島值十萬萬兩銀子，我們願以二三萬萬兩銀子抵押給美國……

記：形同國際大拍賣，只要有人承接就「賣」了！可憐的東亞孤兒，一個被祖國棄養的孤兒，一個沒有人願意領養的孤兒……

丘：最後，萬不得已之下，只好成立「台灣民主國」，對外宣布獨立，去中國化……

記：在孤立無援之下，為何竟然出此下策？

丘：另一方面，日本索台甚急，竟以「君教臣死，臣不敢不死，父教子亡，子不敢不亡」之封建古訓，訓我全體台民！

記：意即台灣子民未能服從祖國之王命，乖乖地做日本順民。

丘：願人人戰死而失台，絕不願拱手而讓台……未戰而割全省，為中外千古未有之奇變……

記：這樣可以嗎？

丘：我曾請教曾任駐法公使的陳季同（後任台灣義軍副將兼外務督辦），按國際公法宣布「台灣獨立」，與日本決一死戰。贏了，回歸祖國；輸了淪為亡國奴，絕不做自願亡國奴……

記：您這「台灣民主國」延續了多久的「生命」？

丘：一八九五年五月二十五日，士紳們聚集在台灣巡撫布政使衙署前，求見布政使唐景崧，將「台灣民主國總統之印」的銀印，以及藍地黃虎國旗呈送唐氏……

記：就這樣唐景崧被打著鴨子上架，不情不願又不得不願的當上了「台灣民主國」的總統，當然免不了進一步的設官分職，各司其事……

丘：改布政使司為內部，前刑部主事明震為內務督辦；改籌防局為外部，由前副將陳季同任外務衙門督辦；又設軍部，由前禮部主事李秉瑞任軍務衙門督辦，前幫辦劉永福為「台灣民主將軍」，我則任義軍統領……

記：名為「民主國」，是否有議會？

丘：推前太僕寺正卿林維源做議長，維源不就，捐一百萬銀兩而罷！

記：商人還是有先見之明，知道您們搞不出名堂，懶得蹚這渾水！

丘：六月四日，日軍攻獅球嶺，義軍向台北後撤，這時，逃的逃、搶的搶……「台灣民主國」形同解散。

記：從五月二十五日到六月七日，日軍進台北城，總共才十三天，是全世界最短命的「國家」，有如曇花一現。

丘：然而它的影響，在日據五十年間始終不滅，埋下日後回歸祖國的種子。

記：可是，也做了一個錯誤示範！

丘：怎麼會？

記：當今張燦鍙的「世界台灣獨立聯盟」（一九七〇年一月十五日成立於美國紐澤西州）與陳唐山的「世界台灣同鄉會」（一九七四年九月六日成立於瑞士日內瓦）兩個台獨組織，都遙奉當年「台灣民主國」的「正朔」在活動。

丘：它們這兩個荒謬、不務正業的機構，怎麼可以這樣胡亂的「移花

接木」！

記：怎麼說？

丘：我的「台灣民主國」，並非有脫離祖國獨立的意想；相反的是，完全是站在台灣為中國領土立場，起而抵抗日本之侵略。我們在獨立宣言中聲稱：「今雖自立為國，感念舊恩，仍奉正朔，遙作屏藩，氣脈相通，無異中土。」

記：一再強調台灣仍為中國國土，表白事平之後，主權仍歸中國；那您的國旗呢？

丘：「藍地」代表海洋之國，「黃虎」代表中國虎，「頭向北方」代表咬日本，尾向西彎，代表內向祖國大陸……

記：民主國的紀元呢？

丘：年號「永清」，代表「台灣紳民，義不臣倭，願為島國，永戴聖清」。

記：說的也是！數典忘祖的「台獨聯盟」與「世台會」，怎麼可以跟您同日而語，並肩而行！

丘：就算全體中國人都窩裡反，背叛祖國，我全體客家人仍要高歌：

「俺是中國人！」

記：這才是客家人的「硬頸」精神。

丘：宰相有權能割地，孤臣無力可回天；扁舟去作聰夷子，回首河山意黯然！

記：大勢已去，識時務者為俊傑，您只好倉皇內渡，回到焦嶺；臨了聽說您還帶走了十萬兩銀子？

丘：現大洋十萬兩，只恐舴艋小帆船也載不動這麼多銀子！除非是錢莊開的銀票子；就算我拿了銀票子，我也不會飽我私囊！

記：您既不承認也不否認？

丘：正是：「人間成敗論英雄，野史荒唐恐未公；古柳斜陽圍座聽，一時談笑付盲翁！」

記：回大陸離開是非之地，心境是否平靜多了？

丘：「親友如相問，吾廬榜念台；全輸非定局，已溺有燃灰。棄地原非策，呼天儻見哀；十年如未死，捲土定重來。」

記：聽說您有個兒子出生在甲午年，名叫丘琮！

丘：我把他改名為念台；居所叫「念台精舍」；以「倉海君」為筆

名，署「台灣遺民」念念復仇之意。「春愁難遣強看山，往事驚心淚欲潸；四百萬人同一哭，去年今日割台灣。」

記：您除了勤於詩作，一吐胸中塊壘外，如何排遣歲月？

丘：事已至此，復台、復仇也不是短時間內可以達成的，我只好把希望寄託於下一代。

記：如何寄託法？

丘：教育乃是最佳投資，最有效的報酬。我先後主講於潮州的韓山書院、潮陽的東山書院與澄海的景韓書院。一九〇〇年我三十七歲，那年我在汕頭斥資創辦了「嶺東同文學堂」，以歐西新法教育青年，以革命維新鼓勵學子。

記：您與溫仲和、黃遵憲所形成的「嶺東新學」，十年有成，給予辛亥革命注入新血輪，功不可沒！By the way，您父親原是個窮秀才，到您手上，怎麼會有這麼多銀子辦學校，而且在十年之間形成學派？

丘：「往事何堪說？征衫血淚斑。龍歸天外雨，鰲沒海中山……不知成異域，夜夜夢台灣。」

記：丘義士！丘詩人！您安息吧！

丘：葬須南向，以示我念念不忘台灣！

記：另一個數典忘祖、也不會講客家話的客家人「岩里政男」，他吃中國、睡中國，領中華民國的總統退休金，竟然自艾自怨為「悲哀的台灣人」，還念念不忘自己二十二歲以前是日本人，受過日本正統教育！

丘：人各有志，天生奴才不可救！

一場使中國人站起來的戰爭
～與毛澤東談「抗美援朝」～

道光二十年（西元一八四〇年）五月間，英國遠征軍統帥喬治・懿律（Admiral George Elliot）率領了英、印軍隊四千人，封珠江、占定海、過吳淞、直逼大沽。清廷不堪一擊，被逼訂城下之盟——南京條約，是為中外第一個不平等條約。

「大清大帝國」這隻紙老虎，終被戳破，現了原形；於是帝國主義們群起效尤，紛至沓來，排闥而前，進而登堂入室，甚而「下廚」、「上廁」，無所不用其極……廣大的愛國愛族民眾，雖經過三十年的努力，歷髮匪（太平天國）、苗亂、捻亂、回亂，既不能推翻滿清統治於前，只好祭起「扶清滅洋」、「揚我國威」的大旗於後，點燃起反抗外侮的火苗。舉凡洋房、洋紙、洋書、洋傘、洋襪、洋服都燒；見「毛子」（洋人是大毛子，信外教的是二毛子，用外貨的是三毛子）就砍；連洋人建的火車、鐵軌、電線、洋燈……都一律加以摧毀。總之，逢洋必「扁」就是了。於是燒教堂、焚市肆，進而圍東交民巷使館區。

東交民巷有荷、美、俄、德、西、日、法、義等八國使館。使館人員約五百人、稅務司人員約百人、教士及眷屬約三百人，外加教民兩千餘人……各國公使見義和團「玩真的」，急電駐在大沽口外之水兵入衛。到京的「八國小聯軍」，計有三百三十六名（英、俄軍各七十五名，美軍六十三名，其餘各國都只有二、三十名）。

義和團數十萬人在官軍（董福祥的甘軍及武衛中軍）萬餘人的配合下，自六月二十日至八月二十日奉慈禧太后的〈宣戰詔書〉，手持長矛、大刀，以血肉之軀，對抗著機槍子彈，奮勇衝殺，在層層疊疊的屍體堆上，來回衝殺，達兩個月之久……

最後，七萬餘名的大「八國聯軍」攻陷京津，取得了空前的勝利，導致訂立了苛刻無比的「辛丑和約」——集懲凶、謝罪、滌恥、撤防、禁武、駐兵……於一爐；但各國只是勒索賠款（四萬萬五千萬兩白銀，分三十九年攤還，連本帶利高達九萬萬八千二百二

十三萬兩），而沒有割地的要求。

老佛爺的顢頇思維與義和團的愚昧行動，雖足以亡我清國，但廣大人民基於愛國心，在既無人才，又無器械，更無組織，而強拒外人不可侮的民族精神，卻已深植各國人心。讓他們知道無論是英、美、德、法，不論是俄、日、義、奥……皆無此腦力與兵力，可以統治此一占有天下人口四分之一之「最野蠻、最愚蠢」、「未受基督上帝洗禮」之民族。儘管帝國主義們在一年前（西元一八九九年）即已完成了瓜分中國的默契——俄國：東北、蒙古、新疆；日本：朝鮮、琉球、台灣、福建；德國：山東半島；英國：長江流域、西藏地區；法國：越南、雲南、貴州三省……

由於義和團勇士們前仆後繼的大無畏精神，使得大中華民族的神州中原，免於像非洲、中南美洲、阿拉伯半島、印度次大陸、太平洋南島民族，那樣的被萬惡的列強瓜分得四分五裂，永無翻身之日。感謝義和團的勇士們，以血肉之軀，為我們抵擋了帝國主義「軍事侵略」與「宗教侵略」；接著而來的是美式民主的「政治侵略」與美式的建構數學、《新聞周刊》（*Newsweek*）的「文化侵略」

（還包括電影、電視、麥當勞速食文化）以及世界貿易組織（WTO）式的「經濟侵略」。

職是之故，應該讓義和團英勇死士們的忠魂進入「忠烈祠」，讓我中華民族的子子孫孫頂禮膜拜；而那些「殺匪」、「恨匪」，「戡亂」、「剿亂」的「內戰英雄」，則應該把他們請出忠烈祠；讓他們跳進太平洋洗淨他們的慚愧、無知和罪惡，否則，忠烈祠改作「屠戶之家」可也！那些沾滿了中國老百姓鮮血的「勛章」，一律扔進「焚化爐」中。

一九五〇年六月二十五日，朝鮮半島發生「解放戰爭」；北朝鮮勢如破竹的幾乎統一了整個朝鮮半島。美國帝國主義者率十七國「聯軍」悍然出兵，越過三十八度停戰線，把戰火燒到鴨綠江的中韓邊境，「中國人民志願軍」應兄弟之邦「朝鮮民主主義人民共和國」人民之請，捲入戰火。

這場比之五十年前「八國聯軍」還要慘烈的「二十二國聯軍」之戰，其結局如何？且聽毛澤東先生「細說韓戰」；當然他對「金門砲戰」也有話要說！

一、朝鮮解放戰爭

記：現在請您談一談韓戰。

毛：你聽過箕子奔朝鮮的故事嗎？

記：商紂荒淫無道，殘義損善，最後「三仁去而殷亡」。

毛：他的叔父比干剖心而死，微子隱之，箕子奔朝鮮……

記：周武王代商而起，封箕子於朝鮮（西元前一一〇八年），燕人衛滿於西元前一九四年成為古朝鮮的統治者。

毛：漢武帝元封三年（西元前一〇八年），平朝鮮，設樂浪、玄菟、臨屯、真番等四郡。

記：這麼說來，朝鮮自古以來就是我國的固有領土了。

毛：一八九四年甲午之戰，清廷敗績，允朝鮮「獨立」，一九一〇年八月朝鮮被日本併吞，淪為殖民地，受盡剝削和壓迫。

記：小國家的前途歷來大都任人宰割的，這是「命運」法則。

毛：不過人人都羨慕瑞士為永久中立國。

記：它介於德、奧、法、義四強之間，基於「國防空間」理論的矛盾，才得以中立。

毛：只要均勢一破，還不是一樣的「被借道」占領。

記：說的也是！

毛：二次大戰末期，美、蘇兩大同盟國為了戰勝日本，在波茨坦會議（一九四五年七月）中，以北緯三十八度線作為美、蘇兩國對日進攻和受降的範圍。

記：在兩大帝國主義的瓜分下，朝鮮從此分裂為南北兩韓。帝國主義者為德不卒，專以分裂他人的國家、民族為能事。

毛：像南北越、南北韓、南北葉門、東西德；當年蘇聯曾令我統一長江以北，與國民黨劃江而治，我才不聽他的。

記：結果後來還不是「一邊一國」，隔海相望對峙。

毛：這是個民族主義擅場的時代，分裂國家最後還是會復歸統一的。

記：說的也是！像南北葉門、南北越、東西德不就先後達成民族統一的目標；問題是誰統誰、誰又「捅」誰啦！

毛：一九五〇年六月二十五日凌晨，朝鮮人民軍在金日成將軍的率領下，氣勢如虹，銳不可當，三天後占領南韓首都──漢城。

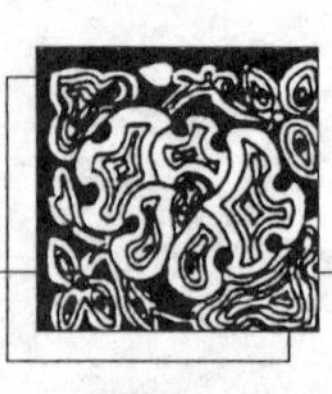

記：聯軍統帥麥克阿瑟（Douglas MacArthur, 1880-1964）五星上將在幹嘛？是打瞌睡了？還是吃冤枉的？

毛：七月五日，麥帥的四個步兵師投入戰場。

記：結果呢？現在化的「美國大兵——雷恩」，一定如狼撲羊群，得心應手才對！

毛：剛好相反，如同羊落狼群，頃刻間被消滅，美韓「小聯軍」一路敗退，退到東南角與日本九州相望的釜山。

記：那不整個東北亞，從朝鮮、日本、琉球到台灣、菲律賓的「花采列島」，為之震動。

毛：杜魯門（Harry S. Truman, 1884-1973）嚇得半死，以為第三次世界大戰就要爆發了。

記：立刻命令第七艦隊進駐台灣海峽，防止貴黨原先的「五月渡海」攻打台灣。

毛：麥帥深恐從此不能實現「我還要回來！」（I'm be back）的諾言，向杜魯門求救，「抓住太平洋上的每一條船，把大量的軍隊、物資……運到遠東來吧！」就這樣美軍兩棲作戰部隊五萬人、五百架飛機、三百艘軍艦，分別從韓國半島中西部的仁川與東南方的釜山，成鉗形攻勢介入朝鮮半島的解放戰爭。

記：本來嘛，朝鮮半島的內戰完全是朝鮮人民自己的內部事務，何勞美國「雞婆」，干涉一個小國的內政；如果當年沒有美國的涉入，朝鮮半島早就完成統一了。

毛：美帝最喜干涉他人內政，四年的國共內戰，十七年的南北越戰……

記：最後無不灰頭土臉的鎩羽而歸。

毛：所以西方的觀察家認為：「這是在錯誤的時間、錯誤的地點，和錯誤的敵人，打了一場錯誤的戰爭。」

記：美國自以為是聯合國「警察行動」的一部分；它將為此付出代價。

毛：杜魯門作賊心虛又怕獨挑大梁，趁蘇俄代表馬里克抗議「控蘇案」缺席時，通過聯大安理會的非法決議大舉出兵干預。

記：聯合國最後有沒有出兵？

二、二十二國聯軍介入

毛：聯合國自始至終都是美、俄兩大帝國的應聲蟲——尤其是美帝；於是美、英、法、加、澳、紐、土、泰、菲、希、荷、比、盧、哥倫比亞、衣索匹亞、南非，外加南朝鮮十七個國家，浩浩蕩蕩的投入韓國戰場……

記：別的國家不甩它？

毛：瑞典、丹麥、挪威、義大利、印度等國在「盛」情難卻之下，只好派個醫療隊，聊勝於無了。

記：這下不得了嘍！真的可能引起世界大戰。

毛：美軍從釜山向北、從仁川向東推進。腹背受敵的朝鮮人民軍，措手不及，陷入了兩面受敵，戰況急轉直下。

記：麥帥以勝利的姿態進入漢城，並大搖大擺的越過三十八度線；「聯合國軍」爭先恐後的向鴨綠江挺進。

毛：李承晚那老猴子，緊緊的抱著麥帥的大腿，渾身發抖，喜極而泣：「韓國民族的救星來了！」

記：這好比是一場五十年前「八國聯軍」的翻版好戲！

毛：誰說不是呢？十七國聯軍！甚至是二十二國聯軍，麥帥嘴裡叼著他的玉蜀黍大煙斗，大剌剌地聲言：「我們感恩節前就可以回家了。」

記：山姆大叔沒什麼長處，膨風第一棒。

毛：他能不能回家，還得看我高興與否。我不點頭，你麥克阿瑟就回不了家；等我叫你回家時，你就得屎滾尿流的回美國！

記：事情有這麼嚴重嗎？我看您也是個膨風鬼？膘子好吹、牛長嗚，果真不假!?

毛：大批的美、韓聯軍迅速的向鴨綠江挺進，同時頻頻出動空軍，炸射中韓邊境的橋梁與村鎮……並且向朝鮮人民軍喊話：「立即放下武器停止戰鬥，無條件投降」。

記：人家都已打到您家大門口了，您還是無動於衷，發揮「忍者龜」的大無畏精神。

毛：其實早在七月七日「聯合國軍」成立時，我就將駐防河南第十三兵團的三個軍調往東北，與駐在東北的一個軍合編為「東北邊防軍」，以資因應；把六〇、十二、十五三個軍，組成為第三兵團，調往河北駐防，

以防美帝從渤海灣登陸，以保京師安全。

記：是否也向美國提出警告？

毛：十月三日，我總理兼外長周恩來透過印度，嚴正警告美國軍隊，如果越過三十八度線，中國將要採取軍事行動……

記：美國充耳不聞，不把您放在眼裡！

毛：麥克阿瑟傲氣十足的說：「值得為幾個中國洗衣匠驚慌嗎？」

記：是可忍，孰不可忍也！氣得連我都會得「三高」。

毛：是那三高？

記：高血壓！高血糖!!高血脂!!!

毛：期待已久的機會終於來了！我非叫麥克阿瑟那老匹夫，不死也褪層皮（Old soldiers never die, they just fade away.）。

記：什麼千載難逢的機會？

毛：我在十月一日接到朝鮮民主主義人民共和國金日成首相和朴永憲外相的聯名急電……

記：急電說些什麼？

毛：「……敵人趁著我們嚴重的危機，進攻三十八線以北地區……只靠我們自己的力量是難以克服此危機的。因此，我們不得不請求您給予我們以特別的援助……急盼中國人民解放軍直接出動援助我軍作戰。」

記：您立刻出兵？

三、人民志願軍的投入

毛：那天正是新中國成立一周年的焰火晚會，實在掃興得很；但，兄弟之邦處在危急存亡之秋不得不救；我國領土主權與國家安全受到嚴重威脅，更不得不出兵，這是自救救人的偉業！

記：可是您面對的是世界第一強權、頭號帝國主義，打得過嗎？會不會引起比「八國聯軍」攻陷北京，更嚴重的「二十二國聯軍」（包括蠢蠢欲動的三萬「援韓蔣軍」）？

毛：而且我們建國才一年，療傷止痛、軍隊復員、經濟建設、土地改革、人心改造，真是千頭萬緒，百廢待興。

記：叫什麼人掛帥領軍，又是一個問題！

毛：林彪躲到俄國去養病，避不見面！周恩來飛去莫斯科請求俄國的空軍支援，史達林說出「蘇聯的空軍尚未準備好」的話兒。

記：一頭兒是軍情似火，出兵在即；一頭兒是遲疑猶豫，無人掛帥。毛主席！您已成「過河卒子」，前有強敵，後無退路。

毛：親不親故鄉人。最後，湖南老鄉彭大將軍願意掛帥出征；我作為「首倡出兵援朝，黨和國家的最高領導人」，以身作則，同意並支持兒子的要求，讓毛岸英隨同彭大將軍首批入朝鮮參戰。

記：這場「雞蛋碰鐵球」的戰爭，從何打起？如何打法？

毛：「敵進我退，敵駐我擾，敵疲我打，敵退我追；大步後撤，誘敵深入，集中兵力，各個擊破。」

記：前者是您的游擊戰略，後者是您的運動戰術，面對著科技之戰，有用嗎？

毛：傷敵十指，不如斷敵一指；擊潰敵人十個師，不如殲滅敵人一個師。

記：總之，一句話：長驅直入，利刃插進敵人心臟；快刀斬麻，予敵人以毀滅性打擊；萬一打敗了，打爛了呢？

毛：了不得，等於解放戰爭重新來！

記：孤注一擲，置之死地而後生，拚了！

毛：我抗美援朝人民志願軍二十六萬人，藉著夜幕的掩護，於十月十五日，兵分三路投入朝鮮戰場，分別向韓、美兩軍交鋒，經過十二晝夜的激戰，共殲敵一萬五千人，贏得第一波的勝利……

記：您的損失想來也不輕！

毛：倍之？三倍？四倍……都有可能，既然「撩落去」，就不在乎損失了，而且我還賠上了我兒子的性命。

記：「死道友嘸通死貧道」，這是自古以來政治人物的自私作法。您怎麼反把親生兒子送上死亡的火線上？

毛：那像「草頭將軍」的兩個兒子……

記：怎麼了？

毛：沒有為國家流一滴血；沒有為中華民族挨過一個槍子眼。「上將膏」、「中將湯」喝個痛快！

記：這真是一場曠古未有的國際大戰役。

毛：從一九五〇年十月十五日到翌年七月間，我人民志願軍總共發動了五次增援戰役，予美韓聯軍以重創。

記：每次動員三十萬人，前後五次動員了一百五十萬的兵力？

毛：這是沒辦法中的辦法，我們只有雙手！我們只有頭顱！只好以「人海戰術」拚了……反正我們中國別的沒有，人頭倒多得是。

記：據說中國人的出生率比之機槍子彈的生產還要密集。By the way，何謂「禮拜攻勢」？

四、禮拜攻勢・月圓攻擊

毛：我的志願軍沒有卡車、坦克與大炮的支援，口糧和彈藥都是士兵隨身攜帶的，這種「裝備」只夠維持八天的時間，一旦消耗完畢，攻勢也就停止了，所以聯軍稱我們為「禮拜攻勢」！

記：又何謂「月圓攻擊」？

毛：由於人民志願軍沒有制空權，我們只好在夜間進行奇襲；尤其是有月亮的夜晚，是發動攻擊的最佳時機，所以叫作「月圓攻擊」。

記：這是一場「單兵」對「機械」之戰；圓鍬、十字鎬外加炒米、乾麵，都是個人裝備之一。

毛：這也是一場「人海」對「火海」之戰。

記：可敬的人民解放軍，可愛的人民志願軍，您們為「兄弟之邦」的犧牲值得嗎？

毛：這是一場為時三年、以弱禦強的戰爭，重創美軍十五萬人的傷亡記錄。使克拉克（Mark W. Clark, 1896-1984）將軍（繼麥克阿瑟，李奇威之後任聯軍總司令）成為美國歷史上第一位簽訂沒有勝利果實條約的司令官，使我國從「東亞病夫」變成世界軍事強國。

記：您付出的代價呢？

毛：失去了我最心愛的兒子，一百五十萬人民志願軍的傷亡，外加六十四個陸軍師、二十二個空軍師的武器裝備的俄國「軍債」；更大的遺憾是由於韓戰的拖延，致使我錯失「解放台灣」的時機，成為我致命的「心頭之憾」。

記：什麼？您無條件的為北韓犧牲打仗，「老毛子」卻要您付費，太沒道理了；還有那一萬五千名「投誠」的「反共義士」如何解釋？

毛：人民志願軍中一部分為老蔣撤離時留下的軍隊，他們以為「從北京經朝鮮乃是到台北的捷徑」；於是一上戰場，在強大的聯軍火力下，有的是自願的，有的是被俘的。

記：根據「韓戰志願換俘條例」，他們原本可選擇前往交戰國——美

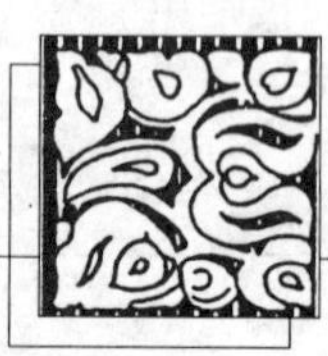

國就學、就業的……

毛：結果都被「蔣幫」騙到台灣，手臂上分別被烙上「殺朱拔毛」、「一心回台灣」、「打回大陸」……成為「過河卒子」，永不磨滅的字樣。

記：他們在台灣被迫參軍，投入另一場沒有目標、沒有未來、永無止境的「青春消耗戰」！

毛：這只是大時代悲劇中的小插曲而已！

記：By the way，此地四下無人，您可不可以坦白招供，您為什麼冒這麼大的「風險與成本」，去打這一場事不關己的戰爭，而且使得當年五月渡海的「解放台灣」，成為可望而不可即的後悔之藥？

毛：嗯！這個嘛?!……

五、雅克薩戰爭再版

記：史載康熙二十二年（西元一六八三年）七月，清國水師提督施琅攻克台灣，延平郡王鄭克塽出降……

毛：大清統一全宇！

記：二十三年中俄雅克薩戰事起，二十四年清都統彭春調鄭克塽部將何祐，率藤牌兵步卒萬人、水師五千人，戰艦百艘，從松花江出黑龍江，圍雅克薩城，大敗俄軍，訂尼布楚條約而還。

毛：要說正規軍的話，我「抗美援朝志願軍」，全是我「中國人民解放軍」摘下帽徽上「八一」標誌改編的；至於「國民黨部隊」嘛！延安時代我夯百啷鐺只有一、兩萬人，以後所有的「人民解放軍」，不全都是國民黨給我的？

記：歷史的歸歷史，政治的歸政治！讓歷史學家去做考證吧！您少管我的閒事。

六、為了支阿・發動砲戰

記：那麼請您回顧一下一九五八年「八二三金門砲戰」，好嗎？

毛：話說一九五八年五月九日，黎巴嫩人民武裝起義推翻了親美的「夏蒙政府」……

記：這是黎巴嫩內政問題，外人只有乾著急的分兒。

毛：但是，好戰的美帝卻不同，派了五千名海軍陸戰隊，在第六艦隊卵翼下，登陸占領黎巴嫩首都貝魯特……

記：山姆叔（美國）憑什麼這樣肆無忌憚的「進出」人家的國家，蹂躪人家的人民？

毛：這就是所謂的「艾森豪威爾主義」。它自認為是「世界警察」的身分。

記：當時美總統艾森豪「為了維護中東國家領土完整和政治獨立，及抵抗共產主義」，要求國會授權在中東實行「軍事援助與合作計畫」。

記：所謂的「軍事援助」，就是「胡蘿蔔加棒子政策」；換句話說，就是使用武裝部隊干涉他國內政。

毛：而且山姆叔的狗腿子「約翰牛」——英國，也乘機入侵約旦。

記：當然，法國和蘇聯也都當「仁」不讓地介入。

毛：更奇怪的是，風馬牛不相及的蔣介石，也公開聲稱在美國支持下，「加速進行反攻大陸的準備」！

記：真是「是可忍孰不可忍也」！

毛：為了支援阿拉伯人民的反侵略、反帝國鬥爭，我中華人民共和國不只是口頭上道義的支援……

記：總要在行動上有所表現嘛！

毛：砲打金門，就是支援黎巴嫩人民的反侵略鬥爭。

記：這是為履行「國際主義」義務而「支援中東」！

毛：這也是身為「共產二哥」應盡的義務。

記：這是您的第四十七招「毛氏兵法」：「敲頭斬尾，打狗給主子看」戰術。

毛：七月十八日晚上在北戴河，我召集了國防部長彭德懷、總參謀長粟裕、蕭勁光、空軍司令員劉亞樓等將領開會，決定調動三個砲兵師，一個坦克團，下令福州軍區司令員韓先楚、政委、福建省省長葉飛進行砲戰準備工作。

記：您的動員兵力是多少？

毛：三個砲兵師外加一個坦克兵團，從角尾（鎮海角）到廈門、大嶝、小嶝到泉州灣的圍頭；從南向北呈半圓形，長達三十多公里，成為一個一百八十度三面包圍的交叉火網。

記：這麼說，對面大、小金門（烈嶼）所有的港口、機場、海面都在您的掌控中……必置之死地而後甘心。

毛：那是當然的了！「牛刀殺雞，集中兵力殲滅敵人。」

記：這是「毛氏兵法」第三十招！

毛：一九五八年八月二十三日下午五點三十分（台灣為夏令時間六點三十分），一架米格機凌空而起，來到太武山上，朝著翠谷水上餐廳，發射兩枚火箭，接著一陣五〇機槍掃射……

七、金門砲戰金氏紀錄

記：舉世聞名的八二三金門砲戰序幕於焉展開。

毛：先給蔣軍一個下馬威。

記：章傑、趙家驤、吉星文等三位副司令官陣亡；劉明奎參謀長重傷，大腿不翼而飛；俞大維部長額頭掛彩。

毛：火箭要是再晚射五分鐘，等大家就座完畢，那劉明奎、俞大維、胡璉、美國顧問也都死無葬身之處。

記：您怎麼算得這麼準？

毛：從六點三十分到八點三十分，我從廈門、煙墩、蓮嶝、圍頭等五地，四百門重砲密集的轟擊金防部指揮所、觀測所、各交通中心、砲兵陣地、要點工事。

記：兩小時發了多少砲彈？

毛：五萬七千五百發，比之當年（一九四五年四月十六日）柏林砲戰有過之而無不及。

記：金門被砲擊後，一陣「霧煞煞」，籠罩在一片硝煙之中。全島通訊設備破壞殆盡，到處「喂！喂！」之聲，卻得不到回響。

毛：這時，前線指戰員葉飛以「熱線」（hot line）向我報告：是否下令登陸搶灘？我只告以繼續砲轟。

記：國際觀察家都認為您無力解放金門，只能以砲擊來嚇嚇人而已；有如行夜路唱軍歌似的壯壯膽罷了！

毛：笑話！

記：兵法有云：「兵者，國之大事。死生之地，存亡之道，不可不察也！」（《孫子兵法．第一章》）戰爭總是有目的的，絕非像放鞭炮一樣放「爽」的。

毛：福建前線面對著台灣海峽、面對著太平洋，不只是我方與蔣方的鬥爭，而是我方和蔣方、美方三方的尖銳複雜鬥爭。

記：怎麼說呢？

毛：這八二三砲戰，既是軍事的，也是政治的，更是外交的鬥爭……

記：我越聽越糊塗了！

毛：請你回顧一下，在八二三砲戰前，有過幾次超過一萬發的砲擊？

記：民國四十三年的九三砲戰，四十五年元月十九日、四十六年的六月二十四砲戰。

毛：九三砲戰是為了「慶賀」美蔣共同防禦條約的簽訂，四十六年為「歡迎」「屠牛士」飛彈進駐台灣。

記：總之，您是打狗（老蔣）給主人（老美）看就是了。

毛：從「古寧頭戰役」後，我不再派兵「解放金門」了。

記：為什麼？

毛：登陸戰要犧牲七倍以上的兵力，而且即使占了金馬，於解放台灣的大業也無補於事，不如採「絞索政策」！

記：我看您的人民解放軍也不過是隻「軟腳馬」，無三小路用！

毛：怎麼說？

記：民國四十八年（西元一九五九年）西藏發生轟動全球的抗暴事件……

毛：我下令西藏司令員張國華限期解決「西藏叛亂」。

記：據說達賴喇嘛等一夥人被圍困在布達拉宮內……就在當下，美國中情局（CIA）的介入，達賴和他的隨從得以從容的通過中印邊境的大吉嶺，逃到印度……

毛：放他媽的麥當勞大屁！是我打電報給張國華，要他的部隊主動讓出一條路，指定路線讓達賴出亡到印度……

記：是真的嗎？您發誓沒有吹驢子牛皮？那您為什麼這麼做？

毛：達賴是西藏人民的政教領袖，號稱「活佛」。人民奉之若神明，活抓固然不好處理，將之擊斃更是不妥。

記：放逐是最自然的方式！

毛：那年達賴年方二十四歲，五、六十年之後，活佛變死佛後，問題自然不了了之。

八、絞索政策、使之進退維谷

記：那麼何謂絞索政策？

毛：金馬是套在蔣介石脖子上的「絞索」，也是套在美帝脖子上的絞

索：我高興起來，三不五時的抽動它一、兩下，他們就緊張得難以呼吸了。

記：如果您揮軍占了「金馬」會怎樣？

毛：那台灣跟大陸不就一刀兩斷，他打不過來，我也打不過去，成了名副其實的「兩國論」了。

記：這下我總算懂了您的戰爭哲學了，達賴喇嘛也上了您的「絞索政策」的當，進退不保。

毛：當一個政治人物，離開了他的土地與人民，他的政治光環終歸逐漸消失。

記：By the way，在這次砲戰中，您獲得了很大的戰果？

毛：我在四十四天內，向一個彈丸之地，發射了四十四萬四千三百三十三發砲彈。

記：平均每天一萬多發，亦即每平方公尺落彈四發……

毛：這可是有史以來，由中國人所創造的金氏記錄，打得金門翻了一番，一砲打死三個副司令官，全金門的軍民在那一個半月中，全都「吃在土洞裡，屙在空罐裡」，死傷枕藉。

記：外交上呢？

毛：支援了中東人民對美帝的鬥爭，美國第六艦隊一半艦隻全到台灣海峽報到，中東局勢為之緩和。我的國際地位連漲三個停板……

記：對美國您沒占到便宜罷！

毛：我從八月二十三日到九月六日足足封鎖金門十五天。

記：金門不但彈藥補給中斷；糧食、燃料也都捉襟見肘，可說到了彈盡糧絕的地步。

毛：九月七日中午十二時，美蔣聯合編隊，護送運補船隊到金門料羅灣……

記：您敢打美艦？

毛：前線司令員葉飛以電話向我請示，我下令瞄準蔣艦打……

記：結果怎樣？

毛：沒想到我一開砲，美艦丟了蔣艦及運輸船隻不顧，立即掉頭向台灣方向逃去，走避於料羅灣南方五至十二海里處，未發一彈。

記：死道友嘸通死貧道！

毛：橫行霸道的美國兩洋艦隊，其實也只是一隻紙老虎而已。

九、寧要核子、不要褲子

記：可是，它卻有「核子牙」呵！

毛：那倒是真的！

記：怎麼說？

毛：在砲戰初期，我們充分的掌握了制空權、制海權以及砲擊權。

記：換句話說，您的飛機可以自由進入金門上空，當然蔣軍飛機也可在沿海偵察。

毛：可是九月二十四日一天之內，我的米格機被擊落達三十一架之多。

記：很慘，是什麼原因？是技不如人？

毛：原來美帝給台灣裝備了一種「響尾蛇」飛彈。

記：這種熱追蹤的飛彈，只消遠遠的在四、五千公尺外放它一個，它就會追著敵人飛機的噴氣熱流，引爆飛機。

毛：陸戰方面，九月二十七日分別從金門和烈嶼射出八吋榴彈砲二十一發。

記：這榴彈砲有多厲害？

毛：光彈頭就有兩百多磅，可裝核子彈頭；而且還會自己照相找目標，爆炸後方圓兩百公尺內壓縮空氣，人畜外表毫髮無傷，但五臟六腑破裂而死。

記：您們被打得莫名其妙，被打得天翻地覆。

毛：一發打在廈門車站，車站全毀，旅客七孔流血而死；另一發打中正在升旗的幼稚園，全園孩童、師生、建物頓時化成灰燼。

記：被打得不知所措！

毛：引起家長憤怒，紛紛撿起石塊，朝金門的方向投擲、喊殺。

記：這正應了您毛主席的名言：形勢比人強嘛！

毛：美帝於九月十五日協助蔣軍在台灣北部構築勝利女神飛彈基地，預計在十一月底完成。

記：這是一種地對地飛彈，威力無比。

毛：我不得已起草一封〈告台灣同胞書〉，交予彭德懷，以國防部長名義發表。

記：內容說些什麼？

毛：我們都是中國人。三十六計，和為上計。金門戰鬥，屬於懲罰性質……十三萬金門軍民，供應缺乏，饑寒交迫，難為久計。為了人道主義，我已命令福建前線，從十月六日起，暫以七天為期，停止砲擊，你們可以充分地、自由地輸送供應品，但以沒有美國之護航為條件……

記：這下金門總算鬆了口氣。

毛：十月十三日起國防部再次發布命令，對金門砲擊繼續再停兩周。

記：那您在十月二十日為什麼又恢復砲擊了呢？

毛：誰叫國務卿杜勒斯（John F. Dulles, 1888-1959）二十日從美國到台灣訪問。

記：他是來叫蔣介石從沿海撤退的！

毛：後來我聲明「單打雙不打」，逢年過節停打三天。

記：十月二十三日蔣杜簽署「中美聯合公報」，赫然有「以三民主義恢復大陸人民之自由為中華民國政府之神聖使命，美國願提供自衛性武器給中華民國政府」。

毛：老蔣從此再也不叫囂：「反攻！反攻！反攻大陸去！」了。

記：兩個月後，蔣介石在「民國四十八年元旦文告」中揭示：「今後反攻復國的戰略是：以政治為主，以軍事為從；以主義為前鋒，以武力為後盾；以大陸為本戰場，以台海為支戰場……」，強調「七分政治、三分軍事」的戰略。

毛：我倆都承認一個「和解時代」的來臨了。

記：By the way，這次的砲戰，您是否重新認知了一些事實？

毛：我在四十四天的砲戰中，總共打掉四十四萬四千三百三十三發砲彈。

記：據估計，每發砲彈是一個農民六年辛勤耕作的收入總值。

毛：6×444333＝2665998，一個農民以養活五口之家計，再乘以五，至少影響了一千三百萬人的「年生計」。

記：可怕的天文數字！

毛：我立刻發動「三面紅旗政策」（即「大躍進」、「總路線」、「人民公社」），但還是挽救不及，仍然有兩千萬人活活餓死，接著而來的是五月難民潮。

記：從一九五九到六一，這三年是大陸政權最危急的時刻。

毛：美帝在那個時刻倒幫了我一個大忙。

記：怎麼幫法？

毛：美帝以援助蔣介石為名，行控制蔣介石之實的政策。

記：阻止他反攻大陸！

毛：我不但度過三年的空窗期，而且我發下「寧要核子不要褲子」的重誓。

記：六年以後的一九六四年十月二十五日，您終於在新疆羅布諾爾（泊），試爆原子彈成功。

記：其威力是廣島核彈的兩百倍。

記：從此中國與美、俄、英、法等國家成了核子俱樂部（neclear club）國家。

毛：這下中國人才真正的站起來了！

「按」內「讓」外與攘外安內之爭
～與張學良談西安事變～

一九二八年（民國十七年）十二月二十九日，東北「易幟」——改懸青天白日滿地紅旗，中國完成了形式上的統一局面。

翌年八月八日在南京召開「國民黨五中全會」，決定實行五院制；推舉蔣介石為國民政府主席，譚延闓為行政院院長，胡漢民為立法院院長、王寵惠為司法院院長，戴傳賢為考試院院長、蔡元培為監察院院長、馮玉祥為軍政部長、閻錫山為內政部長、李宗仁為軍事參議院院長……接著成立編遣委員會，由四大天王軍閥——第一集團軍蔣介石；第二集團軍馮玉祥；第三集團軍閻錫山；第四集團軍李宗仁，召開坐地分贓的「編遣會議」，進行瓜分爭奪多年的戰利品——神州大陸。

先是「分贓不均」，接著實行「以黨領政，以政領軍」偷天換

日的伎倆，取消馮玉祥「國民政府委員、開封政治分會主席」、閻錫山「北平分會代理主席」、李宗仁「武漢分會主席」、李濟琛「廣州分會主席」等人的「兼職」。於是，首爆蔣桂（李宗仁）之戰，接著又有蔣馮（馮玉祥）之戰；最後是蔣、馮、閻的「中原大會（混）戰」。各自依附美、法、俄、日……等帝國主義為靠山，動員兵力超過一百萬；戰場東起山東、西至襄樊；南達長沙，北到河北，綿延千里……遍地哀鴻，生靈塗炭。

在「西瓜偎大邊」的情況下，應蔣介石之召，先以十萬東北軍入關，擺平了中原大會戰；接著又以六萬東北軍弭平了石友三之亂。此時的張學良儼然身居「一人之下，萬人之上」的地位，先任「全國海陸空軍副總司令」，接著奉調西北「剿共總部副總司令」，代行總司令蔣介石職權，統轄陝、甘、寧、青四省區，從事於「剿共內戰」。

此時的張學良，有「再造」統一之功，其歷史功績，堪稱「彪炳千秋」。然而，一九三六年十二月十二日，為了「按內讓外」（蔣介石主張）與「攘外安內」（張學良主張）政策的衝突，毅然決然的將蔣氏扣押十二天，逼得蔣氏抗日，種下了「你扣押人家十二天，人家扣押你一輩子」的歷史悲劇。

張學良堪稱二十世紀的悲劇英雄。有人讚他「千古勳臣，民族英雄」，譽他為「鐵血英雄」（周恩來語）；有人說他變節，由「奉命剿共」到「私自聯共」；有人說他沒有立場，是個「投降主義」者：由「擁蔣、剿共、抗日」轉而「反蔣、聯共、抗日」，最後演變成「劫蔣、聯共、抗日」；有人罵他：「犯上、劫持，大逆不道」，是「國家、民族的大罪人！」

六十五年來，張氏莫言、莫語，不辯、不駁，只以「不怕死，不愛錢，大丈夫絕不受人憐，頂天立地男兒漢」自勉。這是他無言的抗議？還是弦外之音：有人怕死，有人愛錢弄權，有人非丈夫，專用小人「步數」，是個躲在洞裡的大烏龜。是邪？非邪？「黑白歷史」的記者，要讓他說個明白，講個清楚，向歷史忠實的交代。

一、九一八、不抵抗

記：上次我們談到九一八瀋陽事變；怎麼一個小小的事件最後釀成延

續十五年之久的中日之戰，竟成中日兩國之間的莫大悲劇？

張：當時如果我人在東北，而不在北平的話……

記：是您自己願意駐在北平的，還怪誰！

張：蔣介石授命我節制奉、吉、黑、晉、察、綏、熱、冀等八省軍隊的指揮權，並將北平、天津、青島三市歸東北軍管轄，所以我只好駐節北平。

記：您人在北平，致使「瀋陽事變」成了「遠水救不了近火」狀況。

張：說實在的，如果我人在瀋陽的話，即使不能防止事變之發生於未然，但我相信事變亦不至於那樣擴大。

記：有用嗎？

張：連新到任才一個月的關東軍司令本庄繁都不知道會發生九一八事變；我若當時在瀋陽，說不定一通電話就搞定了。

記：您這麼有把握？

張：我二十一歲時就認識本庄。他從一九二一到一九二四年，三年之間擔任我父的軍事顧問，並且二度出任日本駐中國公使館的武官，是數一數二的中國通。

記：您們私交也很好？

張：一九二一年我訪問日本時，本庄還擔任我的嚮導呢！我和本庄都認為九一八事變顯然違反國際條約，勢必成為國際問題的。

記：您是事後諸葛亮？您怎麼會替他人設想？

張：九一八事變後，本庄曾命令片倉參謀打電報給我，要我回東北收拾殘局。

記：您沒有回去？

張：此時此刻，雙方已成交戰團體，我如何赤手空拳的回去？要回去的話就率領東北一軍、二軍打回去！打是打不過人家的，只好以「不抵抗」對付之，不使事端擴大，以待國際來解決。

記：遂有一九三二年三月國際聯盟的「李頓調查團」來到中國。

張：李頓調查團從上海、南京到北平，受到熱烈的歡迎，一路吃吃喝喝……我們原本寄一絲希望於他。

記：結果「沒三小路用」，日本一不做二不休地退出了國際聯盟，從而成為二次大戰的導火線。

張：總之，「不抵抗主義」我不是原創者；要嘛！我頂多只是個執行

者而已。民國十九年的「中東路事件」，我不是抵抗了嗎？抵抗的結果是損兵折將，其結果，有沒有人替我「背書」？

記：世人都說九一八的不抵抗是您的罪過！

張：我的罪過不在九一八的不抵抗，而是其後連續不斷的「不抵抗」。

記：喪權辱國的「九一八事變」，就這樣不了了之。

張：民國二十一年一月二十四日，日本元老政治家犬養毅出任首相。曾秘令萱野長知使華，與中山先生哲嗣孫科會面，商談和平解決東北問題……

記：有那些具體條款？

張：⑴日本自東北撤兵。

⑵由中國派警察維持治安。

⑶指定東三省為實行三民主義模範區。

⑷中國派員長駐東北（居正或鄒魯）。

⑸准許日本移民東北。

⑹兩國各派大使正式談判（雙方大使人選分別為居正、山本條太郎）。

記：這不失為一個沒有辦法中的辦法。

張：說的也是；可是日本軍方不答應撤兵！

記：治國之方，向來以政領軍，那有軍人干政的事情。

張：日本軍方自認為立下了曠世大功，怎肯善罷干休，放棄「既得利益」。

記：這都是您們「不抵抗主義」下，養虎遺患的結局；假若九一八當天晚上，給他們一點顏色看，他們就不敢開「染坊」了。

張：日本少壯派軍人，在陸相荒木貞夫與內閣秘書長森恪的羽翼下，竟然於五月十五日（一九三二年）槍殺首相犬養毅於官邸之內。

記：這下日本政界群龍無首，只好聽任軍閥們胡作非為了。

張：已經到了瘋狂的境地，有如上帝要毀滅一個人似的。

記：九一八事變一年後，本庄繁奉命回國述職，從神戶到東京，沿途人山人海熱烈歡迎這位「滿洲國建國之父」的盛況，可見於一斑。

二、萬方無罪、罪在一人

記：九一八事變當晚，日本占領了瀋陽；第二天占領了「滿鐵」沿線

的長春、撫順、安東、營口等地；在不到四個月的日子裡占領了全東北。

張：民國二十二年三月四日，日軍更以一百餘名士兵、戰車十一輛，長驅直入承德，省府主席湯玉麟竟然失蹤！

記：這都是不抵抗主義的結果！

張：行政院院長汪精衛公開責備我：「因為張學良的不抵抗而失去許多領土」。

記：您因此被封為「不抵抗將軍」。

張：「萬方無罪，罪在一人」，冤枉啊！

記：這時您還頂著「一人之下，萬人之上」的頭銜，東晃西晃，招搖過市？

張：我於承德淪陷後的三月九日辭去陸海空軍副總司令，蔣總司令也「勸」我到歐洲遊歷一番，避避風頭。

記：這是一種政治放逐！

張：也好！藉這個機會先在上海戒除吸食多年的鴉片癮，然後到歐洲德、義等法西斯國家考察一番。

記：您遊歐可有心得？

張：當時的歐洲，以德、義兩國最強，我受到法西斯主義的影響很大。一個國家要強大，必須全民服從「最高領袖」，先把國內搞好，然後一致對外；但是否適用於中國，則大有問題。

記：您這一出國，國內政壇是否平靜了許多？

張：政壇是平靜了許多；但「軍壇」卻「強強滾」，幾達鼎沸之狀。

記：怎麼說？

張：我出國期間，日本進一步的侵併我華北。

記：「草頭將軍」在幹嘛？

張：他正全力在各地「按內」，親自指揮數十萬國民黨大軍，忽而重慶、成都，忽而貴州、昆明……像趕鴨子似的「圍剿」紅軍，並且聲稱紅軍已成驚弓之鳥，不日即可成為石達開第二，消滅淨盡。

記：這樣的追、趕、跑、跳、碰，有用嗎？

張：正可用內外交征、焦頭爛額來形容此時的蔣介石！

記：有這麼嚴重嗎？

張：一九三三年（民國二十二年）五、六月間，新疆發生變亂，蔣介石要調東北軍前去「平定新疆」，東北軍將領拒不受調；十一月，十九路

軍在福建從事「閩變」，又調東北軍入閩平亂……

記：東北軍又拒絕入閩，為什麼？

張：一九三三年三月十一日，我發表「通電辭職」時，曾對東北軍訓話：「我走以後，你們要好好幹，要保存東北軍這點實力隊伍，作為『抵抗日本、恢復東北』的基本力量；我們不收復東北，對不起先大帥在天之靈，對不起東北三千萬老百姓。」

記：這時的東北軍陣容如何？

張：有四個軍，由于學忠、萬福麟、何柱國、王以哲分任軍長……

記：「解鈴還須繫鈴人」。他心裡明白：除非張學良親自下令，駐在江北的東北軍才會南下「剿共」。

張：所以我在一九三三年年底，奉蔣介石密電要我「從速回國」。

記：其實那時候您不應該回國；至少「隔岸觀火」是很過癮的事兒。

張：說的也是！是時，「嶺南王」陳濟棠派人持函歡迎我入粵；胡漢民派他女兒木蘭小姐登輪邀請至府，力勸我暫留香港，以觀未來……

記：您心動而不行動？

張：我雖想暫息仔肩，稍作休息；但我以為當前中國最大的問題，乃在於抗日。大家應該團結，放棄前嫌，一致對外，不可再從事內鬥，自取滅亡，任人吞噬！

記：您又回到老蔣的身邊？

張：就任豫鄂皖三省邊區剿匪副司令，駐節武漢……

記：您很喜歡這個職務？

張：我怎麼會喜歡呢？副司令能作主嗎？而且剿匪、剿匪、剿個什麼匪！我經常午夜思維……中華民國的「國」軍，拿農民的餉，吃農民的糧，換取外國先進武器，去「恨匪」、「殺匪」，剿滅另一批手無寸鐵、衣不蔽體、食不果腹的可憐農民……良心過得去嗎？

記：究竟他們是苗匪、是回匪、是闖匪、是土匪、是會匪、是共匪……嘛！

張：幹政治幹到人民「會」合起來「共」同造反，反對政府，那這種政治人物早就該自戕以謝國人了。

記：您心中早就發毛了？

張：一九三四年十月，毛澤東與朱德所領導的中央紅軍歷盡千山萬水，經江西、湖南、廣西、貴州、雲南、四川、西康、甘肅、陝西、寧

夏、山西「二萬五千里長征」，於一九三五年十二月十二日到達陝北。

記：又叫您去打「共」匪──是全國「共」同造反的匪類；還是「共」產匪類？

三、剿「匪」失利．學生遊行

張：一九三五年十月，我被任命為「西北剿匪副總司令」，代行總司令職權。

記：誰是總司令？

張：當然是蔣介石咯！西北剿匪總部下轄、第一路軍（中央軍）朱紹良；第二路軍（東北軍）于學忠；第三路軍（西北軍）楊虎城。

記：剿匪可有成效？

張：怎麼會有成效呢？

記：怎麼說？

張：第一：東北軍無心作戰。

記：何以見得？

張：放著家鄉故土不抵抗，任日寇蹂躪；反而跑到鳥不拉屎、雞不下蛋的黃土高原去打自己同胞的所謂「共」匪，真是豈有此理！

記：東北軍離鄉背井的，聽到那首「萬里長城萬里長，長城外面是故鄉……」的〈長城謠〉，情何以堪？

張：尤其那首「……我的家，在東北松花江上，那兒有我的同胞；還有那年邁衰老的爹娘……」的〈流浪三部曲〉，無不淚濕征衫，淚珠滿眶。

記：它唱「衰」了張少帥，它也唱潰了東北軍心。

張：我決定回應「打回老家去」、「中國人不打中國人」的口號。

記：就是嘛！老蔣這輩子專門從事於「中國人打中國人」之戰；民國三十五年台灣剛光復，就調台灣兵去大陸打「共匪」，平添一批台灣老兵冤魂。然後三十六年二二八事變，再調大陸兵來台灣打台灣人，又再添一批悲哀的「中國老兵」。安的是什麼心？莫非炮製台灣人與外省人之間的矛盾。

張：難怪台灣人要鬧獨立！

記：自食惡果，活該！

張：「剿匪」的結果：我東北軍精英第一一〇師，在陝北甘泉、勞山

被共軍包圍，師長何立中陣亡，三千七百多人被俘。

記：慘啊！軍人不為保衛故鄉國土而死，卻跑到「黃土」高原做無謂的自我消耗……

張：接著，我的第一〇九師全軍覆沒，師長牛元峰、參謀長裴煥彩……等人，自殺的自殺，殉職的殉職……

記：您為何不把實況向「最高領袖」——蔣介石反映？

張：他堅持所謂的攘外必先安內——消滅共匪。他還訓斥我「妄言容共，實為共匪之張本，共匪乃是最大的漢奸」。

記：別人都是漢奸，他卻忘了自己是「美奸」——做美帝的狗腿子！By the way，東北軍又怎麼看您？

張：他們說我忘卻父仇，不顧抗日大業，盲目服從，以求一己之祿位。

記：指的是就「西北剿匪總司令部一級上將副司令」之職，這簡直是「死道友嘸通死貧道」的行徑；換句話說，您的四星上將是建立在東北軍的血跡上的。

張：我變成了「豬八戒照鏡子」——裡外不是人；再加上十二月九

日西安學生舉行抗日示威遊行……

記：他們為什麼要遊行？

張：他們為紀念去年「北平學生一二〇九抗日運動的週年日」；他們先後前往我的司令部以及西北軍楊虎城的司令部，還有陝西省政府……抗議，都沒有得到滿意的答覆。最後決定前往臨潼的華清池，直接向蔣介石請願。

記：蔣介石答應了？

張：學生隊伍來到灞橋前，蔣介石排出三千「鐵衛隊」（憲兵），架著機槍，排著騎兵，蔣下令過橋者「格殺勿論」。

記：唉！用中國農民辛苦種植五穀所換得的外國重機槍，不殺侵略的帝國主義者，專殺中國的愛國學生，天下竟有這種事情。

張：這就是蔣介石訓練下的「國」軍——「國民黨黨軍」的簡稱。

記：我有三兒一女，除了「依法」服義務役的「饅頭兵」（一進軍營就數饅頭，巴望退伍的日子）外，若有人敢考軍校去當他媽的「革命軍人」的話，我立刻「當下」把他（她）掐死在我膝下……

張：你這又何苦呢？豈不背負「不愛國」之名！

記：什麼愛國不愛國！那只是獨裁者迷惑人的咒語，叫人神魂顛倒的「神主牌」而已。我愛我的妻子、兒女，我愛我的鄉人，我愛我的民族，我更愛我自己，這就夠了。

張：我聞知學生要過灞橋，親自駕吉普車趕往，擋在學生與憲兵旅之間。

記：箭在弦上有不得不發之勢，您又能做什麼？

張：的確！我苦口婆心的說了半天都沒用，我真怕發生流血事件。

記：真是急死人了。

張：最後，我幾乎以哀求的語氣，請求學生，拜託學生：「請相信我張學良，如果各位相信我，一個星期內我將以事實來回答各位！我張學良不是給『某人』當走狗的；我保證在一個禮拜內，拿出事實給各位看！」

記：許多學生哭了，您也流淚了；只有蔣介石鐵石心腸！

張：一萬多名學生大喊：「相信張學良將軍抵抗日本」、「奪回東北」，高呼「打倒日本帝國主義」的口號。

四、東北、西北、陝北，三位一體

記：這就是雙十二的「西安事變」的伏筆。

張：我被迫得走投無路，只好實行「兵諫」！

記：您憑什麼力量這麼做？

張：東北軍、西北軍外加在陝北的紅軍，我們成為「三位一體」的大聯合，以及輿論學生的支持。

記：聽說西安事變扣押蔣介石是周恩來給您的指令？

張：開玩笑！我不指令他就好了，他還能指令我東北軍，不過早在那年的四月十日，我與周恩來在延安的一座天主堂見過面。

記：您們談些什麼？

張：在蔣介石的「抗日綱領」下，共產黨決心與國民黨恢復舊日關係，願受蔣的領導，從事抗日。

記：這就是所謂的「擁蔣抗日」，有沒有具體條件？

張：(1)共黨武裝部隊接受點編集訓，準備抗日。

(2)擔保不欺騙、不繳械。

(3)江西、海南、大別山等地共產黨武裝同樣受點編。
(4)取消紅軍名義，同國軍待遇一樣。
(5)共產黨不能在軍中再事工作。
(6)共黨停止一切鬥爭。
(7)赦放共產黨人，除反對政府、攻擊領袖外，准自由活動。
(8)准其非軍人黨員居住陝北。
(9)待抗日勝利後，共黨武裝一如國軍，復員遣散。
(10)抗日勝利後，准共黨為一合法政黨，一如英美各民主國家一樣。

記：您全數答應了？

張：我身負國仇家恨，抗日從未後人，慨然應允；不過上有長官，不能自主，當向總司令竭力進言，以謀實現。

記：聽說後來您還借給紅軍五萬銀元、一萬套禦寒棉衣；這不是「資敵」嗎？

張：這是見面禮，又不是武器，有何不可？什麼叫「敵」？什麼叫「友」？在我張學良的字典裡，凡抗日的就是友；凡不抗日、槍口朝內的就是「敵」。

記：您的「竭力進言」有效嗎？

張：我和楊虎城將軍三番兩次的勸說都失敗了，我哭著向蔣痛陳利害，他反而拍桌子大罵我一頓。

記：他怎麼罵您？

張：他罵我：「共產黨不要父母，你也不要父母；共產黨不要祖國，你也不要祖國；等我死後，你們再去抗日好了。」

記：是可忍孰不可忍！而且「西北剿匪副總司令」「代行總司令職權」言猶在耳。

張：不特此也，他還在我和楊虎城所開辦的「王曲軍官訓練團」（此即日後的黃埔西安分校），當著我和虎城的面，對著我的學員咆哮！

記：他吼些什麼？

張：不外是：「軍人要明禮義、知廉恥；在家要盡孝，為國要盡忠，要服從長官……我們最近的亂人是共產黨，為害也最急，日本離我們遠，為害尚緩，不積極『剿共』，輕言抗日，就是是非不明，前後倒置，在家不孝，為國不忠……對不忠不孝的人，要予以制裁！……」

記：他簡直是指著禿驢罵和尚嘛！要是我的話，上去捅他兩刀，方大快人心。

張：我還得忍氣鼓掌，陪著他離去！

五、先禮後兵、實行兵諫

記：於是您決定「幹」了！

張：先禮後兵，勸諫無效，只好實行「兵諫」了。

記：這可說是您這一生中最轟轟烈烈的一次行動了。

張：民國二十五年十二月十一日晚上十時，我親自下達兵諫扣蔣的命令，並交代衛隊營營長孫銘九：「千萬不可把委員長打死了；萬不得已時，只能把他的腿打傷，不要叫他逃跑了。」

記：據說槍聲一響，由蔣的姪兒蔣孝鎮急忙把蔣拉起，背著他往後山牆門口走；見門鎖著，便推著從牆上跳過去，往驪山逃去！

張：這一跳不打緊，鞋也掉了，腰也摔壞了，全口的假牙還擺在茶几上……蔣的臉色死白，赤著雙腳，上身穿一件古銅色綢袍，下身穿一條白色睡褲；渾身上下是土，全身發抖……蜷伏在大石旁的一個山洞內。

記：是怕？還是冷？

張：兩者都有。

記：原來他這麼「孬」！後來呢？

張：他們給他兜上假牙，梳洗之後，送到「新城大樓」看管。

記：此時，您如何面對此一「驚人」的場景？

張：當我接到劫持的報告，一則基於禮貌，二則也想緩和一下兩人之間的尷尬，我立即驅車前往新城大樓探望蔣介石。

記：他見到您是否暴跳如雷，大發脾氣？

張：他有如一頭喪家之犬，趺坐在一張椅子上，見我來到，神色大變，繼而長吁短歎……不知從何啟齒。

記：他不知道您要砍他、殺他，還是踢他、辱罵他？而且他已無「齒」，如何啟齒？

張：我兩次打開話題，問候他：「委員長，受驚了！」他都不理我！

記：此時性命交關，無言勝有言！

張：我接著說：「我們受了全國人民的要求，才發動這次事件，我們內心純潔，為的是國家，絕不為個人利害打算。」

記：他一定會說：「既是為了國家，先送我到洛陽再說！」

張：你怎麼知道的？

記：一講到國家、民族，他總是振振有辭！

張：只有他才能代表國家、民族；別人都不能，別人都是他的奴才！他還說：「如果你承認是我部下的話，馬上帶我出去到洛陽；否則的話，立刻把我打死！」

記：碰到這種死硬派、死要面子的AB型，死到臨頭還充好漢。您也拿他沒辦法！

張：我對他表示：今日之事，既然做了豈容半途而廢，不了了之；如果仍然無視於國家、民族之前途，執迷不悟於「按」內「讓」外政策的話，我只有讓群眾公決好了！

記：他一聽「群眾公決」，一定嚇死了；因為他一生行事為人，都刻意違反公意！

張：他還是堅持要我送他回洛陽……我看跟他沒什麼好談了，趕緊辭出，別做安排……

記：您已闖了大禍，千頭萬緒從何做起？

張：⑴首先，宣布撤銷「西北剿匪總部」，成立「抗日聯軍臨時西北委員會」，主持西北軍務；張、楊分任正、副主任……

⑵其次，致電南京政府行政院副院長孔祥熙與蔣夫人，聲明只要接受抗日條件，保證蔣的安全。

⑶其三，致電李宗仁、白崇禧、馮玉祥、閻錫山、李烈鈞等「各方」實力人士，與黨國元老，請他們「躬親來陝，開誠指示，共謀國是」。

記：結果呢？看您這位在「溫室」中烘焙出來的「少爺四星上將」，如何處理這驚天動地的「大代誌」！

張：第一點，只是換個招牌而已，反正換湯不換藥。政治方面的問題交給高崇民；軍事方面的問題交給何柱國。

記：那第二點呢？

張：南京政府大為騷動……

記：委員長兼「最高領袖」，被武裝劫持，任人擺布，這還得了。

張：有強硬派者如戴季陶、何應欽，主張武力討伐，認為「不能不顧及國家綱紀」，國民黨中常會臨時會任命何應欽為「討伐軍總司令」，進兵

潼關，向西安進行包圍，並從洛陽起飛三十架轟炸機，炸射東北軍渭南、三原等軍區。

記：何應欽懷的是什麼鬼胎？唯恐天下不亂？

張：他為報當年「汪蔣之爭」站錯邊的一箭之仇，最好把老蔣弄死，他才好……

記：那投鼠忌器的主和派又是那些人？

張：孔祥熙、宋子文、宋美齡兄妹等三人……

記：大姊夫、大舅子、老婆子全是一家人。

張：短短的幾天內，來往電報十餘通……端納（William Henry Donald, 1875-1946）於十四日傍晚來到西安……

記：端納，何許人也？

張：他是倫敦《泰晤士報》記者，澳洲人；他原本是我的好朋友兼顧問，熱河淪陷，我解除陸海空軍副總司令職。我把他介紹給南京政府。

記：後來成了蔣介石的顧問；這麼說來，他是來投石問路的！

張：二十日，端納陪同宋子文來見我，並與蔣介石會面……

記：也沒結果？

六、八大主張・結束內戰・一致抗日

張：四頭八面也談不出結果來；其實，我的底線很簡單：「八項愛國主張」。

記：那八項？

張：(1)改組政府，容納各黨各派，共同救國。

(2)停止一切內戰。

(3)釋放在上海被捕之愛國領袖。

(4)釋放政治犯。

(5)開放民眾愛國運動。

(6)保障人民集會結社及一切政治自由。

(7)切實遵守總理遺囑。

(8)即時召開救國會議。

記：皇皇八大條，在我這個「讀閱」歷史者的眼光看來，只有第(2)條是具體的；第(1)條是半具體的；其餘各條都是廢話、空話與謊話……您這個花花公子，只會臉上抹粉，不知強筋壯骨……

張：你怎麼這樣說我呢？我冒了被殺頭的危險；我冒了引起內戰的危機；我甘冒天下之大不韙……你竟然這樣說我？你怎麼說第一條是「半具體」的？

記：他可以在政府中給您安插個環保署長、農委會、原核會、客委會、原民會主委……等頭疼的職位給您，讓您口服心不服的閉嘴了事；還有第(3)、(4)條，您又何必為了幾個無聊文人章伯鈞、沈鈞儒、徐謙、譚平山……等人，「做嫁衣！」「舉枷！」

張：我原不想「改寫」歷史，只是想為歷史「做見證」而已；只要老蔣在「八大宣言」中簽字即可，我也樂得鞠躬下台。

記：「上台」是機會，「下台」是智慧；您既不懂得抓機會；處理事情也欠缺智慧；還有您前面第(3)項通電李（宗仁、烈鈞）、白（崇禧）、馮、閻等四大「天王」，他們可有「善意」的回應？

張：真是人心隔肚皮，難以臆料！我不反蔣時，大家都反蔣；到如今，我反蔣了，大家卻都不說話了，反而喝倒采了。尤其閻錫山這隻老狐狸，事前在洛陽百般慫恿，「共同抗日」；事後卻領頭撻伐；質問我：「以救國之熱心成為危國之行為乎？移外戰為內戰乎？」先大帥真是看走眼了，竟然要我事事向他請益！

記：中共有什麼表態？

張：十三日清晨我拍電報給中共：「擬說明兵諫，邀請周恩來和共軍南下。」

記：中共派人來協商？

張：中共內部亦分為兩派：以葉劍英為首的激烈派主張一不做二不休，把蔣介石幹掉；另一派主張和平解決，擁護蔣公抗日。葉、周與秦邦憲（博古）三人於十七日，坐了我派出的波音飛機到達西安……

七、豬八戒照鏡，裡外不是人

記：他們一致讚賞您的勇氣可嘉？

張：他們竟然譏誚我的行動過於孟浪。

記：您替共黨做了馬前卒，他們竟然不道您的好！

張：真是「好心乎雷撞」，沒得好報。

記：蘇聯當局有沒有表示他們的立場？

張：史達林認為西安事變的幕後推手是日本，希望藉此製造並擴大中

國內戰……

記：是時汪精衛正在德國訪問，與希特勒走得很近；史達林深怕蔣遇難後，汪一執政會參加「德日防共協定」。

張：所以，史達林透過第三國際，以電報要求釋放蔣介石。

記：日本方面的態度呢？

張：是日本「共同社」上海分社社長杉本重治從孔祥熙秘書喬輔三處，得到西安事變的消息，傳回東京，轉載於各大報，消息遂傳遍全球。

記：從日本媒體的大幅報導，可見日本有意擴大渲染事件本身的嚴重性，大有「隔山看馬相踢」之狀。

張：日本暗地裡喊爽！

記：那您和楊虎城將軍兩位「領銜主角」呢？

張：楊虎城粗魯中又顯得膽怯，瞻前顧後又畏首畏尾……

記：這也難怪他頂多是「配角」身分，一切還要看您的眼色。

張：我目睹這一內弛外張的情況，倒反而沒了主張。

記：怎麼會這樣呢？

張：我五內俱焚，本欲救國，反致誤國；這是我始料未及者。

記：「時到時擔當，無米著煮番薯湯。」原來東北軍與十七路軍也是無三小路用，令人大失所望。

張：我決定抱持基督自我犧牲的精神，懸崖勒馬，以遏內戰萬劫之禍，贖我犯上之滔天大罪。

記：「放火只是開了頭，下海就應幹到底。」這是劫持、綁票的至高信條，您難道忘了嗎？我甚至懷疑您真的是大帥的兒子？

張：我正於頭疼進退兩難之際，蔣夫人宋美齡於十二月二十二日飛到西安。我親自登機迎接，扶之下機……這下我放下了肩頭的千斤擔。

記：這麼大的一個西安事變，一介女流就可化解？

張：當晚，她與蔣介石「夫妻會」後，立刻同我和楊虎城會談……

記：會談沒有結果？

張：楊虎城堅持蔣必須在「八項愛國主張」的文件上簽字，做書面保證；但蔣僅允帶回提交「中委會」研究、討論、表決，並聲稱在會議上彼將表示反對之意。

記：老蔣就是老蔣，死到臨頭還死撐面子，真是七月半的鴨子不知死活，而且死了還嘴硬呢。

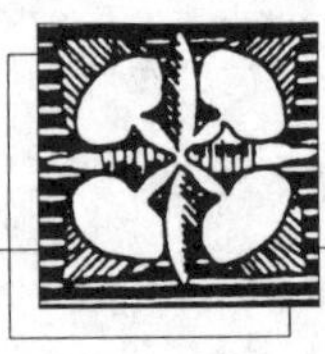

八、中國英雄・化干戈為玉帛

張：第二天蔣夫人與周恩來密談兩小時……

記：蔣夫人與周恩來……他們有交集嗎？

張：他們之間不但有交集，而且有很好的「關係」……

記：有什麼交集？又有什麼「特別關係」？

張：十年前蔣任黃埔軍校校長，周任政治部主任，是長官與部屬關係；而且宋氏姊妹（慶齡、美齡），當時一個文君新寡，一個小姑獨處，對於口才便給、英俊瀟灑的周恩來，當然是心儀已久的「白馬王子」。

記：這真是個小小的小世界，轉來轉去都是熟人。聽說後來姊妹倆在政治上的分道揚鑣，還跟周恩來多多少少有點關係呢！

張：這我就不知道了，至於我和美齡遠在民國十四年就相識、相熟……

記：接著您們四個大男人：宋子文、周恩來、張學良、楊虎城，與一個小女子：宋美齡，在一個外國人：端納的見證下，舉行會談。

張：我們都以英語交談，沒設翻譯。

記：中國人會談為什麼要用英語？

張：宋美齡的國語說得不「溜」，宋子文只會說廣東話，我和周恩來都會講英語，只有楊虎城……

記：他不懂英語，只在那兒呆坐，感覺很痛苦，好像被出賣的樣子。

九、沒有人格的「人格保證」

張：會談的結果，由蔣介石以及宋氏兄妹以「人格保證」，實現「八項愛國主張」，但為維護領袖「尊嚴」，不以文字顯示，並把蔣經國回國列為「備忘錄」；另給東北軍五千萬元軍費。

記：「人格」是抽象的，二男一女，三人加起來又值幾兩？楊虎城沒意見？

張：他堅持蔣要在文件上簽字，以書面保證之。

記：各國的態度呢？

張：英國主張由各國保證張學良生命、財產之安全無虞，並令其流亡海外；美、法、義等國均同意；但日本反對……

記：日本對您恨不得生擒而啖之。

張：他們無非要報民國十八年「易幟」之仇；最後蔣介石還是採納了日本人的意見。

記：By the way，當時您為什麼堅持要隨機護送蔣介石回南京？

張：第一，表示我是男子漢大丈夫，一人做事一人當；第二由於楊虎城不同意釋放，怕他射擊飛機……

記：第三，您怕對東北軍與西北軍難以交代，一走了之，免於被鬥、被殺……

張：原先我不以為然，但證之王以哲將軍後來被東北少壯派軍人殘殺的事實，很有這個可能。

記：您真是個矛盾的人，一會兒扮演鐵血大丈夫；一會兒又扮演鴕鳥「埋首沙堆」。

張：我年輕時少讀書，因而常常臨「事」而懼。

記：難怪蔣介石後來派陝西省省主席張治中、前西北邊防總司令徐樹錚之子徐道鄰，以及曾在俄國做質子十二年的蔣經國「伴讀」終生……

張：我有話說，可是我又不能說！

記：您那本《雜憶隨感漫錄》不是已經說了很多了嗎？

張：一九五九年，蔣介石傳話下來：「西安事變已這麼多年了，張漢卿還有什麼話不好說？」我以為他要我寫下實情，也許會藉此恢復我的自由。

記：所以您落筆時特別謹慎，處處維護領袖的尊嚴！他看了以後很滿意嗎？

張：他看了後很不滿意，還說：「怎麼張漢卿到現在還這樣說？」於是叫人竄改，更名為《西安事變懺悔錄》，以與他的《西安半月記》相呼應。

記：那是他的日記？那簡直是精神強姦嘛！

張：他那有日記，那是陳布雷給他操刀的，以掩人耳目。

記：陳布雷祖孫三代怎麼都從事於「化妝服務業」。

張：還有「編劇業」！

記：新聞界有所謂「製造業」、「屠宰業」、「化妝業」者，陳氏可謂「始作俑者」也！

張：拿人錢財，替人消災嘛！自是一番道理。

記：您跟蔣介石、宋美齡的「三角關係」，真的是錯綜複雜，剪不

斷，理還亂！

張：當年要不是宋美齡居間「人格保證」，堅持要我送她一份「聖誕禮物」，我是絕對不會放了蔣介石的。

記：同樣地，只要宋美齡活著一天，您也跟著苟活一天！

張：這也算是她對我的回禮，其實我活著比死了還難過，我和蔣介石的關係真是一言難盡啊！「關懷之殷，情同骨肉；政見之爭，宛若仇讎。」

記：少帥將軍，您安息吧！May God bless you. 至少，您有于鳳至、趙一荻兩人長相左右；宋美齡、蔣士雲與您互傳關切，兒孫滿堂在海內、外，人們對您只是惋惜、委曲，而非咒罵；至於他呢？雖奪得美人，奪得榮耀，奪得政權五十年；但夫妻二人同床異夢；名義上兩個兒子，但沒有一個兒子是他下的「種」；「獨夫」、「獨裁」、「不守信義」，永遠在人們的口中流傳著。

張：嗚……嗚！這真是一段《黑白歷史》。

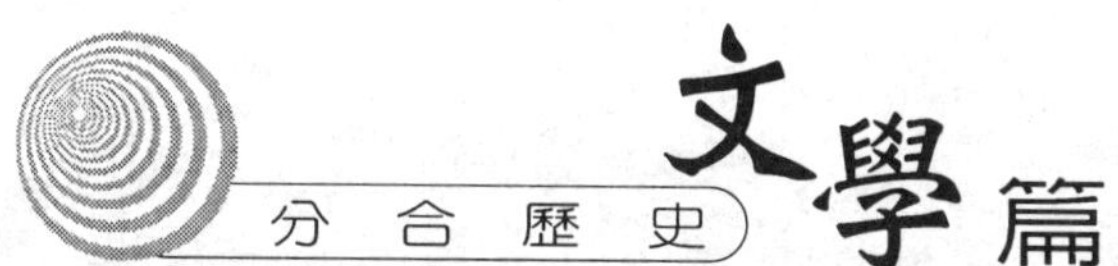
分合歷史
文學篇

才高、命薄、父女同悲
～蔡文姬訪問記～

東漢末葉，內有黨錮之禍，外有黃巾之賊，自此引得中原大亂；中郎將董卓率西涼羌胡兵馬還都行廢立（廢少帝劉辯，立獻帝劉協）之舉，造成董卓亂政。

羌胡兵馬，軍紀惡劣，進洛陽之後，常以搜捕奸人為名，挨家逐掠財物，姦淫婦女，名之曰「搜牢」。正是：「斬截無孑遺，屍骸相撐拒；馬邊懸男頭，馬後載婦女」，可以聯想到胡兵的殘殺和劫掠。

在這個動亂的年代裡，人人自身難保，那麼依賴男子為生的婦女，其地位本來就比男人低，加上受到傳統夫妻的束縛，其命運肯定比之男人更為悲慘了。

蔡琰的〈悲憤詩〉，正是這個動亂時代悲慘婦女的共同心聲。

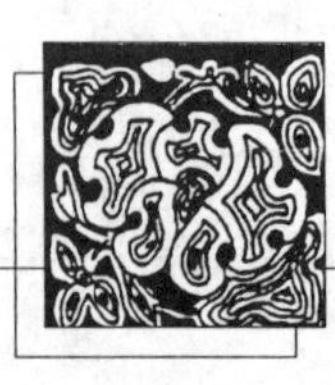

現在讓我們一訪蔡文姬小姐，說個明白，講個清楚。

一、魏武好心，文姬碎心

記：「笳聲駝影共徘徊，絕代清姿擁百哀，魏武生平無一善，幸將才女贖歸來。」

琰：是誰在歪詩？莫不是在道奴家無可奈何的一生與無以復加的處境？

記：是易君左先生的詩，在他的《中國百美圖》中，給您下的贊語。

琰：前半段描寫得差不多……

記：雖不滿意，尚可接受；至於後半段呢？

琰：曹丞相以黃金千兩、白璧一雙，贖我歸國，盛情難卻；可是別夫離子卻又心如刀割，萬分不捨。那年我二十三歲，被羌胡兵所擄，飽受番兵的凌虐與鞭笞之後，輾轉成為左賢王的侍妾，固然是件痛苦的事兒……

記：有詩為證？

琰：「邊荒與華異，人俗少義理；處所多霜雪，胡風春夏起。翩翩吹我衣，肅肅入我耳；感時念父母，哀歎無窮已。」

記：耳際胡笳悲鳴，眼前黃沙滾滾；馬鳴蕭蕭，羶腥處處……

琰：要有多悲愴，就有多悲愴！

記：到了夜晚，一個蘭心蕙質、多愁善感的漢家美女，另一個熊腰虎背、滿腮鬍鬚的匈奴番王，多不搭配啊！現在我才知道「一朵鮮花插在牛糞上」的滋味！

琰：牛糞？牛糞還有稭草的芬芳，簡直是豬糞一坨的髒，外加狗屎一攤的臭。

記：思親懷鄉，成了您精神生活的全部。

琰：那又有什麼辦法，人畢竟是要活下去的。

記：活下去的唯一辦法便是想法子，以女子與生俱來的耐性與韌性順應現實環境。

琰：當我逐漸習慣了胡地的氣候、胡人的飲食，也會「胡言胡語」，還會吹胡笳時，曹丞相卻派使者迎我回鄉。

記：這時您已在胡地待了多久？

琰：整整十二年之久，而且還與左賢王生了兩個孩子：大的七歲叫阿迪拐，小的才四歲叫阿眉拐。

記：勢必是一場生離死別，兩個小孩又正是最需要母愛的時刻，不回去可不可以呢？

琰：曹丞相是我父親生前好友，有著「管鮑之交」之稱。他肯花「黃金千兩、白璧一雙」解救老友流落南匈奴的孤女，這是多大的面子啊！

記：何況他是個「寧教我負天下人，休教天下人負我」的自利主義者，所以您只好在柔腸寸斷、神思恍惚中登車離去了。

琰：置兩個幼兒哭鬧於不顧……

記：我懷疑曹丞相肯花這麼大手筆把您從匈奴手中贖回，不光是為了愛您、疼您……

琰：還有別的原因嗎？

記：為區區一個不關痛癢的小女子，未免太不值得了；我看這是一筆交易。

琰：何以見得呢？

記：據史載建安十二年（西元二〇七年），曹操大破烏桓，據我的判斷，曹操為了打烏桓，前一年以重金賄賂南匈奴……

琰：這麼說，他以重金贖我，只是一種順水人情而已。

記：就像美帝根據台灣關係法，軍售予台，只是侵略他國染指台灣的一個藉口而已。

琰：美國憑什麼「懲罰」伊拉克、伊朗以及北韓；同樣的是帝國主義伎倆！

二、有其父方有其女

記：「超時空人物訪談」系列的熱情讀者們，對您十分關心，請您面對大眾，做個自我介紹。

琰：我姓蔡名琰字文姬，又字明姬，陳留郡圉縣（今河南省杞縣）人。

記：為什麼字文姬？

琰：我從小在父親的親自調教下，成為博學能文，又善詩賦，專長辯才與音律，所以給我取個字曰文……

記：那又為什麼叫「明姬」呢？

琰：獻帝興平年間（西元一九四～一九五年）天下大亂，我為羌胡兵所擄，輾轉入匈奴成為左賢王之侍妾……

記：其事蹟有如「昭君和番」一般，對我民族有「為國捐軀」之貢獻。

琰：所以有人就叫我「明姬」。

記：令尊又是誰？

琰：他叫蔡邕，不但文才高妙，而且也善教音樂，尤其彈得一手好琵琶。

記：據說他的文才和音樂方面的素養，足可與漢賦大家司馬相如媲美。

琰：三國時代是中國文學從一個舊時代轉入一個新時代；我父親和我是繼漢賦之後，最早完成五言詩的人。

記：是嗎？

琰：先前蘇武、徐陵等人，只有零星的五言詩，直到班固、秦嘉及家父才有系統性的五言詩。

記：到了曹氏父子、建安七子更加發揚光大起來，但是您說令尊名蔡邕，是否字伯喈？

琰：是啊！有什麼不對嗎？

記：我讀過元人高則誠所著《琵琶記》中的蔡伯喈，是無情無義、見利背信的大無賴……

琰：趕快說「本事」給我聽；我急想知道我父親被寫成什麼樣的個性？

記：有蔡伯喈者，飽讀詩書，孌妻趙氏五娘，既賢且能，夫妻十分恩愛……

琰：一家六口，伯喈「但願子孝妻賢，晨昏定省，課徒為生」，五娘「唯願取偕老夫妻，長侍奉暮年姑舅」，自是一番「天倫之樂」。

記：壞只壞在蔡伯喈之父蔡公是世俗之人，成天醉心於功名富貴，要他的兒子入京考狀元，以便光前耀後，擴展門楣，傲視鄉里。

琰：伯喈十分的不願，何況「某少年，囝細漢」，實在放心不下。

記：最後蔡公使出「家貧親老，不為祿仕，所以為不孝」的撒手鐧，而且強調「三牲五鼎供朝夕，須勝似啜菽並飲水；你若錦衣歸故里，我便死呵，一靈兒終是喜」。

琰：一廂情願憧憬著「明天會更好」！

記：最後伯喈在「父親嚴命怎生違？」的禮教下，在「腸已斷欲離未忍，淚難收無言自零」的情況下，雖千個百個不願，只得匆匆上道就試。

琰：有沒有考取？

記：要是沒考取就好了，蔡伯喈還是蔡伯喈，一家六口回復往日平靜，蔡伯喈那年考運特佳，一舉中了狀元。

琰：正應了「十年寒窗無人問，一舉成名天下知」。煩惱由此而起？

記：牛丞相一定要招他為女婿，並稟報皇上賜婚，擇日完婚。

琰：那伯喈為何不表白一切，說明白，講清楚？

記：有說沒有用，丞相就是堅持這門婚事。

琰：這些政治大老為什麼專門拆散人家的姻緣，把自身的榮耀、快樂，建築在他人的痛苦、破碎上？

記：您婦道人家有所不知，政治人物要生個狀元郎與資優兒是可遇不可求的；但挑個狀元女婿做政治投資卻是輕而易舉的。

琰：正所謂「女婿是半子」，有時候比親生兒子還要好！

記：這一廂，蔡狀元住在丞相府裡受著榮華富貴；那一廂故鄉陳留遭逢旱災瘟疫，蔡公、蔡媽同時亡故，五娘勉力安葬公婆後，帶著一雙兒女，懷抱著琵琶，從河南省的陳留，沿途賣唱乞食為生，流浪到汴京開封「千里尋夫」。

琰：這蔡狀元怎麼這麼忘恩負義？可憐我天下婦女同胞。

記：男人嘛！覓食、求偶、爭權、奪利……好個雄性動物的本能——英雄本「色」。

琰：女人呢？

記：夫擁子在懷，一聲「我愛你」，忍凍耐餓，雖糟糠之食，甘之如飴……

琰：難怪有「糟糠之妻不下堂」之警語，天下男子務必警惕再三，不可忘恩負義。

記：高則誠則是胸懷要強調「妻賢子孝」的傳統禮教！

琰：這就是《琵琶行》的由來，結局是喜劇還是悲劇？

記：找到了蔡郎，獲得牛小姐的諒解，二女事一夫，圓滿解決……

琰：這太鄉愿了吧！劇本意識形態不良，有違兩性平權，我抗議！

記：所以才有第二個版本！

琰：是行政院版本？還是總統府版本？

記：一說趙五娘上京尋夫，為伯喈所棄，就近告到開封府裡，包拯不畏權勢，獨立審判，將蔡斬首。

琰：活該的薄倖郎，罪有應得的逃夫，大快人心，這比「殺夫」的劇

本還痛快，不過丞相府的「李秘書」長，應該奉「元」首之命，出面「聲明」才對啊！

記：這時宮中府中俱為一體，決定不干涉司法獨立……

琰：反正「別人的囝仔死抹了」！

記：因此，產生了「第三個版本」！

琰：那一定是「李台父」的版本！

記：說狀元郎並非贅入相府，乃是封為駙馬，即便太后出面，亦未能挽回蔡的性命。

琰：你越說越玄，如入五里霧中，而且冒用我父親的名字顛倒是非，譁眾取寵，我抗議！我要保留「法律追訴權」！

記：原來令尊並非為高則誠《琵琶記》中的那個負心漢，這是七百年來一大冤枉，難怪您生氣！

琰：當然不是！我父親事母至孝，兄友弟恭，愛妻疼女始終如一，才不會這麼負義，何況漢時只有察孝廉，接著九品中正拔舉人才，狀元科舉是隋朝以後的事呢！

記：那是高則誠誣告您的父親？

琰：我看他也不見得這麼壞心，只是我父親曠世逸才，文名太盛，高則誠為達促銷之目的，特借用而已。

記：呵！這下我知道了！至少您可要求「名譽回復權」啊！

琰：算了！算了！得饒人處且饒人！

記：陸游有詩為證：「斜陽古柳趙家莊，負鼓盲翁正作場；身後是非誰管得，滿村聽說蔡中郎。」

琰：說的也是，我們且饒過這位仿冒專家——高則誠。

三、父女文采、相得益彰

記：讓我們回到正題罷！

琰：我父不僅五言詩寫得好，辭賦、散文堪稱一流，存有文集九十篇，而墓誌銘居其半。

記：墓誌銘是幹啥的？

琰：是一種紀念性的文字，刻在石上的叫碑，刻在金屬器皿的叫銘，還有神誥、哀誄……等等。

記：那我的祖先韓愈，可算是他的後繼發揚者。

琰：他對藝術有極高的造詣，擅長書法，通曉音律，且彈得一手好琴。

記：史載他也是經學家與史學家，對於古代經典和歷史有精深的研究，堪稱名重一時的文壇領袖。

琰：《中華姓氏譜》有：「字體琴聲中郎業，荔譜東棧學士風。」前者指的就是我父親，他在建寧三年（漢靈帝年號，西元一七〇年）官拜郎中；至於下聯指的是誰，我就不得而知了！

記：指宋代蔡襄的著述以及學士雅望。

琰：我從小跟著他，琴、棋、書、畫十分契合。

記：您是他唯一的掌上明珠，當然不在話下。

琰：有天晚上，我父在屋外彈琴，我躺在床上冥思，突然一根琴弦斷了，我衝口而出說：「爸爸！斷的是第二根弦！」

記：令尊以為您碰巧猜中；再彈時又斷了一根弦。

琰：這回斷的是第四根。

記：可見您們兩人琴藝都很高超。

琰：他不但愛琴、惜琴，還會「相」琴。

記：相琴？沒聽過！

琰：有天他見一人正用桐木來燒火煮食，他聽到桐木在火中爆裂的聲音，知道這是一塊上好的琴木，便把那桐木拿來做琴。

記：果然音色極佳，共鳴度最高，人稱之為焦尾琴，對了，令尊既然這麼有才學，有沒有出來做官，一濟天下蒼生。

琰：基本上，我父是個標準文人，嫉惡如仇，直言不諱，不懂得阿諛逢迎。

記：如此做官有如身繫囹圄，自然苦不堪言。

琰：靈帝見我父有才學，曾任命他為左郎中將，因見宦官奸臣當道，國事如麻，乃密奏皇上除惡務盡……

記：結果呢？耳目為之一新乎？

琰：官官相護，眾口鑠金，以「仇怨奉公，議害大臣」的大不敬之罪，判處「棄市」（即死刑）。

記：可有人臨門一腳救他一命？

琰：中常侍呂強為人公正，仗義直言，為我父辯解，才獲皇帝「減死一案，與家屬鉗徙朔方」。

記：被剃光頭、腳鐐手銬的發落到北方沙漠之地。

琰：九個月之後才被救回；這時候一群政敵宦官又猛追猛打，不放過他。

記：無法避時、避人，避地總可以吧。

琰：我們亡命於南方吳會之地，遠離政治風暴；一家人在那兒雖然粗衣糲食，卻也吟詩鼓瑟的，過著人生的真實面。

記：不必每天周旋於巧言、佞色、媚笑之中，這才是人生！

琰：然而，好景不長，董卓行廢少帝立獻帝（西元一八九年）之舉，震於我父之才學與人望，拜為祭酒（教育部長）、左中郎將，再晉封為高陽侯……

記：竟在三日之內遷官三次；有如在三天之內，歷任三個部長的職務，乃亙古未有之舉。

琰：我父很是矛盾，很想為國家、為蒼生做一番事業；但董卓任性恣意，濫肆殺戮，難成氣候，已成天人共憤之狀。

記：根據史載，董卓後為司徒借呂布之力，將之誅殺。

琰：「城門失火，殃及池魚」，我父基於「前朝舊官僚」之故，便也

「罪不可赦」了！

記：可惜，可惜！這樣一個曠世奇才竟要身首異處了。

琰：我父請求比照司馬遷之例，自願刺首斷足，以便續成漢史之作，也不被允准，連太尉馬日磾代為求情，都不准。

記：可憐啦！如今，每吟〈飲馬長城窟行〉就想起了令尊蔡中郎，那真是千古傳唱的五言詩。

琰：青青河畔草，綿綿思遠道，
遠道不可思，宿昔夢見之，
夢見在我傍，忽覺在他鄉，
他鄉各異縣，輾轉不相見，
枯桑知天風，海水知天寒，
入門各自媚，誰肯相為言，
客從遠方來，遺我雙鯉魚，
呼兒烹鯉魚，中有尺素書。
長跪讀素書，書中竟何如？
上言加餐食，下言長相憶。

虜酒千鍾不醉人·胡兒十歲能騎馬

〈邊塞詩人高適訪問記〉

從唐玄宗開元（西元七一三年）到代宗永泰（西元七六五年）年間是為盛唐時期。在這五十餘年中，唐朝國勢雖由盛而衰，但詩人輩出，照耀古今，到了另一個輝煌的境界。除了「李（白）杜（甫）之名高萬丈」之外，詩人一分為二，兩大壁壘：其一，以孟浩然、王維為代表的「田園詩人」，他們在承平已久的歲月裡，詩作清新恬澹，好詠自然景物，甚而到了「詩中有畫，畫中有詩」的境界；而另一派詩人，像高適、岑參，則氣勢豪放，魄力雄偉，「倚劍對風塵，慨然思衛霍」，抒寫他們靜極思動，一展報國立功之雄圖壯志，成為邊塞詩人之代表。

亂世詩人，大都窮困潦倒，唯有高適最為通達。他少不事生產，流落江湖，而晚運亨通，官至劍南西川節度使（相當於邊區省主席）、刑部侍郎（相當於法務部次長）。年五十，方正式投入寫詩，詩作一出，遠近傳抄，眾人吟誦不已。

〈燕歌行〉是高適的代表作。它描寫了身處疆場（國與國之間大的交接處曰疆；小的分隔界限曰埸）的士卒們緊張刺激的戰鬥生活，歌頌他們的英雄事蹟和犧牲精神；同時也描寫他們離家遠戍異域的痛苦；當然對將軍們那種「死道友嘸通死貧道」的惡形惡狀，亦痛加針砭。他不只是個詩人，還是個政治觀察家。

一、適而不適，達夫不達

記：高先生，首先請向《國文天地》廣大熱情的讀者和作者，作個自我介紹如何？

高：我姓高名適字達夫，渤海蓨縣（今河北景縣）人。

記：由您的姓名，使我想起了一個近代詩人胡適。

高：時空隔了一千二百年之久，引起您何種懸想遐思？

記：高適字達夫，意即使您這一生「適」意於高處，官運亨通……

高：所以配以「達夫」之字。

記：胡適則有何去何從之感。

高：怎麼說？

記：他生逢「千年未有之變局」，正值「專制與民主交替之邊緣」。

高：正是新舊時代接壤之時……

記：還好他自取「適之」以為字，並以字行之……

高：結果呢？

記：他讀書、做官、教書、寫書……多角經營，件件順手，樣樣「適之」。

高：終其一身，亨通暢達？

記：他擔任過駐美大使、駐聯合國代表、國大代表、中研院院長，差點還參選總統呢！

高：最後還是沒參選？

記：他怕因作票而選不上，更怕選上了被老蔣「作」掉。

高：那他不會自導自演，在投票前夕，製造個「槍擊案」，表演個「苦肉計」，便篤定當選；同樣地，美國會暗中加以支持的。

記：胡適啊，胡適！您真可說「聰明一世，糊塗一時」，不懂得「臨門那一腳」是多麼的重要。

高：你到底是訪問我，還是借題發牢騷？你這個記者敬業一點好嗎？

記：《舊唐書》說，您五十才開始寫詩。這麼說來，您是屬於「大器晚成」型的人物。

高：五十才寫詩，亂講！簡直破壞我的神聖形象，我從小就喜讀書，吟詩填詞的，我的代表作〈燕歌行〉寫於開元二十六年（西元七三八年）……

記：那時您幾歲？

高：三十九歲，其實我的詩作大部分寫於三十歲左右；五十以後，則努力於做官。

記：應該說五十歲是您生平志業的分水嶺。

高：這還差不多，我從小放浪不羈，家無恆產，四處遊蕩，甚而曾經乞討為生過。

記：難怪李頎說您：「五十無產業，心經百萬資；屠酤亦與群，不問君是誰？」

高：有點像漢高祖劉邦的處境，成天跟一群屠夫醉鬼在一塊兒！

記：俗云：「王侯將相本無種，男兒當自強」，英雄豈怕出身低。

高：「自古帝王多流氓，從來英雄出無賴」，說的也是！在我二十歲時赴長安求仕……

二、長安求仕・鎩羽而歸

記：巧遇貴人，而一帆風順？

高：失意而回，有詩為證：「二十解書劍，西遊長安城；舉頭望君門，屈指取公卿。」

記：想的是十分美麗，可是事實上又如何呢？

高：「國風沖融邁三五，朝廷歡樂彌寰宇；白璧皆言賜近臣，布衣不得干明主。歸來洛陽無負郭，東過梁宋非吾土；兔苑為農歲不登，雁池垂釣必長苦。」

記：這下您才發現，政治是可怕的，政治也是黑暗的！他們是「歸碗捧起」，正是「天下一家，臥榻之側，豈可許他人鼾睡」（宋太祖語，見宋・楊億《談苑》）。

高：我只好託身隴畝，回家耕田，正是：「彈琴擊筑白日晚，縱酒高歌楊柳春。」

記：雖然身處田野，但意氣仍是豪邁的！

高：度過了十年的躬耕生活，實在嚥不下這口氣……

記：再度出山尋求立功報國的機會。

高：看我的〈北上薊門〉詩便知曉：「少時方浩蕩，遇物猶塵埃，脫略身外事，交遊天下才。單車入燕趙，獨立心悠哉。」

記：是時誰是您心目中的標竿人物？什麼樣的職務是您最嚮往的？

高：一人之下，萬人之上宰相之尊。我最巴望成為「濟代取高位，逢時敢直言」的魏徵。

記：坦白說，要是沒有魏徵，就沒有唐太宗貞觀之治。

高：其次是「縱橫負才智，顧盼安社稷」的郭震。

記：他十八歲舉進士，武后時任涼州都督，拓地一千五百里。

高：他是我心目中的衛青、霍去病。再次是「昌言太后朝，潛運儲君策」的狄仁傑（見高適〈三君詠〉）。

記：狄仁傑身為武后宰相，但衷心並未忘唐。廬陵王（即中宗李哲，後改名顯）之得以復位，實賴仁傑之力。

高：我北上薊門，東出盧龍，題詩碣石館，縱酒燕王台，「北上登薊門，茫茫見沙漠；倚劍對風塵，慨然思衛霍。」

記：出將入相，自是有志男兒夢寐以求之大業。

高：我寫了一首〈詠史〉：「尚有綈袍贈，應憐范叔寒；不知天下士，猶作布衣看。」

記：這是講須賈和他的部屬范叔（後化名張祿，任秦昭王宰相）的故事，藉古抒懷。就算沒有秦昭王賞識范叔的伯樂識才之士，也應該有須賈贈綈袍的相助友情。

高：這時我有如身陷深淵，跳脫窮困不得，多麼希望有人拉拔我一把。

三、李杜會面．浪跡梁宋

高：天寶三年（西元七四四年），我在汴州，碰到從洛陽東來的李白與杜甫連袂遊汴州，我們「酒酣登吹台（今開封禹王台），慷慨懷古」……

記：唐代三大詩人會面同遊、同獵、共賦詩？

高：誰蓋你了，至今開封禹王台內有「三賢祠」，以紀念我們三人的盛會。

記：您們飲酒、吟詩、詠歌，嗆聲……有沒有引起高層的注意，給您們個一官半職？

高：沒三小路用！那年正值李白因〈清平調〉三曲的含沙射影，得罪了老番顛唐玄宗；得罪了高力士、李龜年；驚動了玉環小姐，「賜金放還」，被逐出了長安，來到洛陽……

記：他多金好客，人際關係又廣闊……

高：一路上我和杜甫都吃他的、用他的，不在話下；可是我志不在此！我要登高望遠，我要一展平生之志。

記：此時您最渴望的是得一知己，在政治上助您一臂之力的貴人！

高：那年秋天，我與他們分手後，繼續我的梁、宋之行；我從商丘沿汴水東下經洪澤湖、高郵湖、逆長江經安徽到達江西漣水……

記：幹嘛長途跋涉的旅行，是不是一萬六千元的「國民旅遊卡」刷不完，您不會去買賣金條；要不然吃遍「王品牛排」、「西堤牛排」、「特香齋西餐」……也可以，即便吃到「漏屎」也甘願！

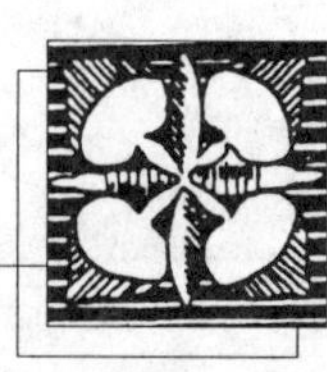

高：這年頭政府為了提升景氣，使觀光客「翻一番」，成為「觀光倍贈年」，不惜祭出「百姓吃緊，官員緊吃」的倒行逆施措施。

記：這真是 to put the cart before the horse；政府竟然「利誘」公務員到大餐廳、到觀光飯店去製造「假觀光客」，創造觀光業績。

高：到時候不「窮二白」、「光二淨才怪。

記：反正飲鴆止渴，「爽」就好！

高：你的老毛病又犯了，你好像一天不罵人就不爽似的。

記：總之，「罵人為快樂之本」，新增青年守則第十三條。

高：我之所以浪遊梁宋之間，是要「站起來！走出去！」在家左眼瞪右眼，乾瞪眼會有什麼結果，不如出去走走，說不定還有意外收穫。

記：會嗎？

高：我沿途觀景、賞景、寫景、詠景……寫了一百七十餘首詩；而且寓景於詩，大大地舒展我心中鬱卒，真是一舉兩得。

記：您是「為賦新詩強說愁」，還是無病呻吟？

高：隨你說罷，反正不哀、不號、不嗆聲，誰會知道你的存在！

記：有效嗎？

四、貴人相助・推甄入仕

高：果然驚動了宋州刺史張九皋先生……

記：他非常欣賞您的詩作與詩才？

高：天寶八年（西元七四九年），他把我那本詩集上奏禮部「有道科」……

記：有道科是幹嘛的？

高：刺史等同省主席的地位，當然有義務、有權力向當局薦舉人才。

記：您就這樣走馬上任當官去也！

高：我在炎炎的三伏天，於十日之內趕到京都長安參加考試……

記：是什麼樣的考試？

高：禮部貢舉進士科。

記：有如現在的甲種特考？還是國軍上校外借、外調特考？

高：這又有什麼不同？

記：前者是黑官漂白；後者是明修棧道，暗度陳倉。

高：基本上「恩科」、「貢舉」……都是一種「另闢蹊徑」就是了。

記：這下，您有人「特薦」，又鍍了「考試及格」之金，從此，一帆風順，官場得意才對。

高：那曉得右相李林甫，不賣張九皋的帳，只授我一個小小的封丘縣縣尉……

記：那是多大的官？

高：封丘在黃河北邊，又小又偏僻；而且還只是個兵役科科長……根本沒有我「迴旋」的空間。

記：您不滿意，應該還可以接受才對！

高：那有？有詩為證，表達了我的憤怒：「登頓驅征將，棲遲愧寶刀；遠行今若此，微祿果徒勞。絕坂水連下，群峰云共高；自堪成白首，何事一青袍。」〈使青夷軍入居庸〉

記：有這麼嚴重嗎？

高：我每天抓兵、送兵、接兵的「鞭撻黎庶」，還要「逢迎長官」，極盡拍馬的屈辱，我怎麼受得了。

記：良心上受到煎熬，有如蠟燭的兩頭燒？

高：「州縣才難適，雲山道欲窮；揣摩慚黠吏，棲隱謝愚公。」〈封

丘作〉）

記：您的個性像愚公，去「移山」還可以；要叫您逢迎刁尖蠻橫的官場——「移人」，可是力不從心了。

高：我又不敢明著說：「我不幹了！」

記：只好酸溜溜寫首詩，阿Q一下。說不定還真有人欣賞您，給您個一官半職。

高：果然得到河西節度使哥舒翰將軍的賞識與推薦，在他的幕府裡掌書記。

記：書記不過是抄寫員，每天過的是抄抄寫寫、剪剪貼貼的日子，充其量不過是長官的「捉刀人」而已。

高：哥將軍不但提拔我當監察御史（州道的監察官），帶兵守潼關；還推薦我奔赴行在（是時唐玄宗因安史之亂，出奔京師，入蜀）勤王，擔任侍御史（史官的一種），擢諫議大夫（監察委員）等職。

記：玄宗雖然重用您，可是自馬嵬坡兵變後，玄宗身處眾將人心浮動，已成強弩之末之勢。

高：太子李亨在建寧王李倓、廣平王李豫（初名俶，即太子父子三

人）擁立下，於朔方靈武城（今寧夏省靈武縣）即位，是為肅宗，改元至德，「飛鴿傳書」，遙奉玄宗為太上皇，布告天下。

五、悠遊於兩黨之間

記：這簡直是兒子造老子的反，如此皇上又何以自處？

高：已屆七十四歲風燭殘年，又能怎樣？祇得順水推舟回了個「簡訊」：「吾兒應天順人，吾復何憂！」並遣使送傳國璽至靈武。

記：「形勢比人強！」這是毛澤東的名言，成為千古鐵則：玄宗「老懵老」，還不至於不識相。那您呢？處在「老子黨」與「太子黨」世代交替之際，您怎麼辦？

高：他們有的主張「世代交會」，老幹發新枝……

記：意即老子黨還巴著「木乃伊」似的所謂「領導中心」不放！

高：有的則主張一刀兩斷，來個「世代交替」；那時玄宗在蜀還主張，用諸王（玄宗有二十三子封王在外）分鎮方式，企圖鞏固領導中心。

記：意即不承認太子李亨自立為肅宗就是了。父子倆明爭暗鬥，您夾在中間，又有什麼對策？

高：我對玄宗切諫，力陳不可，以為這樣「老子黨」會形成分裂，甚而消失；主張承認肅宗的新正統。

記：有這麼嚴重嗎？

高：俗云：「人心隔肚皮。」誰又知道人家心裡在想什麼。

記：正是；有的「黃皮白心」（親美派）；有的「藍皮綠心」（親泛綠）；還有的「綠皮藍心」（親泛藍）；更有的是「芋仔皮番薯心」（本土派）；甚至於「芋仔皮石頭心」（死硬的統一派），不一而足。您是什麼派？

高：結果，永王李璘據金陵起兵，成為第三個「領導中心」。

記：父子仨各自分裂，豈不要天下大亂？

高：我主張聯合第一領導中心的老子黨，消滅第三領導中心的永王李璘……壯大肅宗的第二領導中心。

記：這是統一戰線的運用之妙！

高：肅宗任命我為揚州大都督府長史，淮南節度使，征討永王璘。

記：您一躍而為雄藩重鎮的封疆大吏，成為開元、天寶以來詩人中的當紅炸子雞；其他詩人的境遇可有您這麼「好康」？

六、同為詩人・際遇不同

高：處於亂世，「照子」要放亮一點，否則的話會倒楣一輩子的！

記：怎麼說？

高：先說那個名高千古的李白罷！他得罪玄宗「賜金放還」後，與杜甫和我在汴州相會同遊……

記：您接著順汴河東下，有梁宋之遊，他呢？

高：東晃晃西晃晃的，晃到永王李璘（時為四道節度使）那兒，永王任他為府僚佐（有點像王府副秘書長的職務）……

記：後來永王李璘兵敗身死。

高：這下應了「城門失火，殃及池魚」之災。李白受到牽連被判死刑，要不是郭子儀自請解官救贖，早就沒命了。

記：這以後，李白的「政治前途」報銷了！他被流放夜郎（今貴州地），牢獄之災不斷纏身。

高：由於他有「不良紀錄」在案，「政治鬥爭」、「身分批判」……總是接踵而來的。

記：您們那時候也作興「政治迫害」？

高：政治迫害事件自古已然，於今為烈而已！最後弄得李白不勝其煩，痛不欲生，投湖自盡。

記：歷史記載，說他酒醉欲捕水中月，溺水而死！

高：如果「黑白歷史」的記載可以相信的話，那狗屎都可以當飯吃啦！

記：當今總統陳水扁也這麼說！對了，還有您另一個詩友——杜甫呢？

高：他才是一個徹頭徹尾的衰尾道人！

記：怎麼說？

高：那個杜甫真不該生做詩人！

記：文人相輕，自古已然，每個人都認為自己是唯一的詩人。

高：他「二句三年得，一吟雙淚流」（賈島〈題詩後〉），為了完成一首詩，把鬍鬚、頭頂心的毛髮都扯光了。

記：那他豈不成了個「衝！衝！衝！」五百支光的蘇貞昌大光頭！

高：說的也是，一生顛沛流離、饑寒交迫的。那年（肅宗至德二年，

西元七五七年）郭子儀會同回紇兵大舉反攻，收復兩京（東都洛陽，西京長安）。肅宗還都長安，太上皇玄宗自蜀還西京。

記：這下老子黨與太子黨勢必合併，就像老國民黨與親民黨，分久必合，合久……

高：當時，玄宗、肅宗之間有著矛盾……

記：「老子黨」勢必叫太子黨黨魁李亨先辭黨主席……

高：您怎麼知道的？

記：歷史永遠重演：宋楚瑜必須先辭親民黨黨主席，然後以個人資格加入國民黨；民國十三年的「國共合作」：「共產黨以個人資格加入國民黨」，也是如法炮製。

高：那時從玄宗處來的宰相房琯與擁立肅宗的李輔國各事其主，相持不下。

記：總不能父子黨大打出手罷！

高：肅宗就藉口有人告房琯門客董蘭庭受賄的事，來打擊房琯等舊臣，使之去職。

記：人說：「薑是老的辣」，玄宗無動於衷？

高：可是您別忘了：「辣椒是小的辛……」

記：誰是董蘭庭？

高：大夥兒叫他董大，是個音樂家，身懷奏琴絕藝，早年也落魄不堪。

記：同是天涯淪落人，所以董大、杜甫和您都成為莫逆之交？

高：這杜甫不知「形勢比人強」的鐵則，兩肋插刀，竟然為了董大上疏肅宗說：「不宜因細故免大臣之職。」

記：這正好觸及肅宗的心中之鬼，豈不自投羅網——送死！

高：肅宗還好沒有大開殺戒。乾元二年（西元七五九年），杜甫被放歸鄜州（在陝西省），回到成都築一草堂蝸居，才有「安得廣廈萬千間，大庇天下寒士俱歡顏……嗚呼何時眼前突兀見此屋，吾廬獨破受凍死亦足」（〈杜甫‧茅屋為秋風所破歌〉）之歎。

記：那董蘭庭不也是您的患難之友，您有沒有為他打抱不平，表示一下？

高：我寫了一首〈別董大〉：「千里黃雲白日曛，北風吹雁雪紛紛，莫愁前路無知己，天下誰人不識君？」送給他。前兩句敘述他目前際遇之

尷尬……

記：猶如馬致遠的「枯藤、老樹、昏鴉……古道、西風、瘦馬，夕陽西下，斷腸人在天涯」般的蕭瑟蒼涼，外加大雪紛飛的冷漠。

高：不過，我在後段還是鼓勵他「明天會更好」！

記：您真高桿！這樣既不得罪當道，也安慰了老友，一舉兩得。您依然富貴通達。

七、二王不適共比高

記：您除了與李、杜兩大詩人交過手外，又跟那些詩人交情最好？

高：要數王昌齡與王之渙了。

記：常在一起喝酒、唱卡拉ＯＫ？

高：有一年冬天，大雪紛飛，我們三人在一家「錢櫃」旗艦店的公共包廂的角落喝酒；忽地……

記：莫非警察大人闖進來「臨檢」？

高：忽有梨園伶官（宮中戲班子的戲子）十數人也來飲酒，接著又有四個打扮入時、穿著華麗、美豔漂亮的女官進來……

記：她們也來唱歌？

高：對！我們三人在暗地打賭，看她們所唱的曲子，以誰的詩多，便算最 **popular**、最受歡迎的詩人。

記：第一位女伶唱的是什麼？

高：「寒雨連江夜入吳，平明送客楚山孤；洛陽親友如相問，一片冰心在玉壺。」

記：那是王昌齡的七言絕句〈芙蓉樓送辛漸〉，他以一片冰心在玉壺拔得了頭籌。

高：接著是我的「開篋淚霑臆，見君前日書；夜台何寂寞？猶是子雲居」。

記：不錯，與王昌齡不相上下。

高：接著第三人又唱：「奉帚平明金殿開，且將團扇共徘徊；玉顏不及寒鴉色，猶帶昭陽日影來！」

記：這是王昌齡的〈長信怨〉，這下昌齡得意死了。

高：他用食指與中指高高地比出V字勝利示威狀。

記：這下王之渙吃驚了，鬱卒得很。

高：不過他說這三個是潦倒伶人，所唱的都是一些俗曲，並指著其中一個最美豔的女伶說，等她唱了才算數。

記：她最後唱了誰的曲子？

高：「黃河遠上白雲間，一片孤城萬仞山，羌笛何須怨楊柳？春風不度玉門關。」

記：是王之渙的〈出塞〉，果然「好酒沉甕底」，名不虛傳。您們三個人不相上下就是了。其實，最得我心的還是您那首〈營州歌〉。

高：「營州少年厭原野，狐裘蒙茸獵城下；虜酒千鍾不醉人，胡兒十歲能騎馬。」其實……

記：〈燕歌行〉才是您別具特色、可以作為邊塞詩人的代表作。

高：漢家煙塵在東北，漢將辭家破殘賊；

男兒本自重橫行，天子非常賜顏色。

摐金伐鼓下榆關，旌旆逶迤碣石間；

校尉羽書飛瀚海，單于獵火照狼山。

山川蕭條極邊土，胡騎憑陵雜風雨；

戰士軍前半死生，美人帳下猶歌舞。

大漠窮秋塞草腓，孤城落日鬥兵稀；
身當恩遇常輕敵，力盡關山未解圍。
鐵衣遠戍辛勤久，玉筯應啼別離後；
少婦城南欲斷腸，征人薊北空回首。
邊庭飄颻那可度，絕域蒼茫更何有；
殺氣三時作陣雲，寒聲一夜傳刁斗。
相看白刃血紛紛，死節從來豈顧勳；
君不見沙場征戰苦，至今猶憶李將軍。

記：您這才是真正的〈燕歌行〉，實際地描寫了軍旅生涯慷慨激昂，鮮血淋漓；擺脫了「閨怨」、悔教夫婿覓封侯的窠臼，可圈，可點！

高：謝謝，謝謝！

我思故我在・我手寫我口
～黃遵憲訪問記～

黃遵憲（西元一八四八～一九〇五年），字公度，廣東省梅縣人。同治十年（西元一八七一年），歲試第一，補廩生（月領四兩公費的秀才）；光緒二年（西元一八七六年）中舉，入貲以五品銜揀選知縣，累任道員。在考舉人的前後六年中，遵憲漫遊了南荒北疆，親自體驗到滿清內政腐敗，外交屈辱，予帝國主義，以囂張跋扈之氣燄，有感於「外人足跡如履戶庭，非留心外交恐難安內」的危機，乃從鄉人何如璋出使日本為參贊，投身為一外交鬥士。晚年歸國，歷任鹽法道、按察使，並參與戊戌變法。變法失敗後罷歸。

遵憲一生為政治而生，為政治而活。他的詩歌具有豐富的政治內容，以愛國愛民為其主體，以清新淺白的語言道出他對先民之關懷。

一、家世淵源，粵東望族

記：謝謝您接受我們的訪問。請簡單的向讀者做一自我介紹。

黃：我姓黃名遵憲，字公度。

記：憲法乃國家根本大法，是人民公眾所必須遵行的，所以字「公度」，除此之外還有沒有號、外號、別號之類的名稱？

黃：沒有，不過我一生喜好吟詩作對、屬文聯句的，我還有「東海公」、「法時尚任齋主人」、「水蒼雁紅館主」、「布袋和尚」、「公之它」……等筆名。

記：為什麼用這麼多的筆名？煩不煩啊！

黃：沒辦法啊，身為國家公務員，尤其是外交官，憲法第十一條：「人民有言論、講學、著作及出版之自由」，對我來說形同虛設。

記：您怕什麼？

黃：怕「秋後算帳」啊！

記：了不得也不過是從花蓮地檢署調到台東地檢署，難不成還調您到綠島看守所？

黃：很難講喔！自從「政權輪替」之後，天下沒有不可能的事兒。

記：您府上那兒？

黃：廣東省嘉應州（即梅縣），我生於一八四八年……

記：您原是個「硬頸」的客家人，這方面您卻不夠硬頸。

黃：我不要步另一個客家人的後塵，貧困、鬱卒一生……

記：誰？

黃：不為五斗米折腰的陶淵明。

記：您出身於一個書香門第？

黃：我們客家人歷盡遷徙流離之苦，常處於貧乏困苦之境。到我高祖黃潤，貧益甚，每天竹笠草鞋，包飯趕墟，為人寫牛契為生。

記：這種日子何以堪？

黃：海通之後，外國銀錢、銀元大量進口，作為交易媒介，我高祖擁有一特長……

記：何種特長？

黃：他能以「色之美惡、聲之浮沉、質之精粗」，鑑別銀元之真偽實虛。

記：他每天到市場擺攤，替人鑑定。

黃：由攤而店，由店而連鎖店四家，進而成為富翁。

記：人家是「學而優則仕」，您們家反其道而行，「商而富則仕」，自然免不了一探科舉之路。

黃：我曾祖、祖父雖也曾苦讀過一陣子，但終未能如願。

記：讀書要能讀出個名堂，也不是三兩下之事；必須有環境、師友、藏書……之類的配套措施，方能得心應手。

黃：皇天不負苦心人，我父鴻藻先生在十八歲那年考中舉人……

記：十八歲中舉，倒是少年得志，有沒有「三更燈火五更雞」，繼續追求三冠王（秀才、舉人、進士）的最高榮譽？

黃：入貲為郎，派戶部貴州司行走，供職京師二十餘年。

記：這不失為一個聰明的辦法，花幾個子兒，捐個不大不小的官兒，不但過了充裕的一生，而且還為自個兒鋪了仕途的陽關大道。

二、過香港、感慨萬千

黃：在我二十三歲那年（西元一八七〇年），第二次至廣州應鄉試不

第，經香港，由海道返家。

記：香港在中英南京條約下，已割讓了三十年，看了之後有何感想？

黃：百感雜陳，因而有〈香港感懷十首〉之作：「遣使初求地，高皇全盛時；六州誰鑄錯，一慟失燕脂。鑿空蠶叢闢，噓雲蜃氣奇；山頭風獵獵，猶自誤龍旗。」

記：想當年英使馬戛爾尼遠來求地、通商、居住，不應；結果鴉片之戰一敗塗地，如今香港太平山上飄的不是五色黃龍旗，竟是「米」字旗。

黃：「豈欲珠崖棄，其如城下盟；帆檣通萬國，壁壘逼三城。虎穴人雄據，鴻溝界未明；傳聞哀痛詔，猶灑淚縱橫。」

記：一八四二年南京條約割香港島，一八六〇年中英北京條約再割九龍半島，一八九八年又強租新界地九十九年。丟一塊連續丟三地，道光皇帝可要再三的痛哭流涕了。

黃：「酋長虯髯客，豪商碧眼胡；金輪銘武后，寶塔禮耶穌。火樹銀花耀，氈衣繡縷鋪；五丁開鑿後，欲界亦仙都。」

記：香港已成外人世界，豪商巨富、女皇、耶教排闥而來。香港已成一物欲的國際都市。

黃：「彈指樓台現，飛來何處峰？為誰剎藜藿，遍地出芙蓉。方丈三神地，諸侯百里封；居然成重鎮，高壘矗狼烽。」

記：割讓不到三十年，在英人統治下，香港人口由原先四百人之小漁村增至十二萬四千多人。電報局、消防局、圖書館、博物館、商會、醫院、報館、大會堂等公共設施陸續建立；而我們這個四千年的老大帝國卻什麼屁也沒有……

黃：這使我產生十分矛盾的心情：一方面心疼國土之淪落；一方面卻又為香港之近悅遠來而喜。

記：寧做異國太平奴，不做祖國離亂人……可悲的中國人，可哀的台灣人啊！

黃：光緒十六年（西元一八九〇年）二月間，我以二等參贊銜隨薛福成出使英、法、義、比，在香港攜次子仲雍登輪赴馬賽……

記：二十年後再度光臨斯土，又不免感慨萬千。

黃：「水是堯時日夏時，衣冠又是漢官儀；登樓四望真吾土，不見黃龍上大旗。」（〈到香港〉）

記：目睹山河變色，香港人口已達二十一萬，儼然國際大都市。

黃：不禁心痛神愴。

記：您也不必傷感，偉大的「人民政府」已於一九九七年，光榮的收回了香港三地區。

三、十年寒窗無人問．一舉成名放東瀛

黃：我亦步我父後塵，於光緒二年（西元一八七六年）二十八歲那年中舉，入貲以五品銜揀選知縣。

記：捐錢買官不失為一條捷徑，反正您們家有的是銀子。

黃：話可不能這樣說！你知道考進士有多難，那會考死人的，能捐點錢換得官做，豈不事半功倍，而且國家連年吃敗仗，割地賠款之餘，需款孔急，以為挹注。

記：就像當今「酪金黨」需財孔急，您若能捐個十億、八億的台幣，那麼台銀董事長、華航總經理，甚至經濟部長……都可待價而沽的。

黃：不過，我們那時候也真的是為國疏財紓難的，絕不是黨庫通國庫。

記：好了，我們不提這些個中國文化下的「特有產物」，不外是買官

鬻爵、貪官污吏。

黃：儘管有些人想極力「去中國化」，撇清與中國的關係，但是一涉及錢財、名利，則又十分「中國化」，甚且有過之而無不及。

記：您父事先給您鋪好陽「官」大道，加上大量捐資，您的仕途不一路順風才怪。

黃：縣長才幹一年，即補道員；隨著同鄉何如璋先生出使日本，任參贊。

記：參贊的地位很高嗎？等同副使？

黃：沒有啦！只是三等秘書罷了，不過工作上頗受黃使的倚重倒是真的。

記：當外交官很神氣吧！

黃：光緒三年（西元一八七七年）十月二十二日，我隨著駐日正使何如璋、副使張斯桂、翻譯隨從等三十多人，在上海乘軍艦「海安號」使日，二十三日出吳淞口，二十六日抵日本長崎港。

記：那時候的滿清，雖經過鴉片戰敗，二次英法聯軍，再加太平天國之亂……中國仍然不失為一泱泱大邦。

黃：正是：「浩浩天風快送迎，隨槎萬里賦東征；使星遠曜臨三島，帝澤旁流徧裨瀛。大鳥扶搖摶水上，神龍首尾挾舟行；馮夷歌舞山靈喜，一路傳呼萬歲聲。」（〈由上海啟行至長崎〉）

記：「一路傳呼萬歲聲」，想見當日代表漢家天子的漢官威儀。

黃：「滿城旭影曜紅旗，神武當年此肇基；竿木才平秦世亂，衣冠創見漢官儀。中原舊族流傳遠，四海同家聚會奇；此土此民成此國，有人盡日倚欄思。」（〈由長崎至神戶〉）

記：「禮失求諸野」，來到日本有如來到古神州，彷彿是明朝遺老，令人十分感慨。

黃：斯土、斯民平定了薩摩藩之亂，建立了統一的國家；接著德川氏歸政，幕府時代結束。正欣欣向榮地邁向世界富強之邦；而我國則正逢多事之秋……「如此江山信可憐，驩虞霸政百餘年；黃粱飽飯紅燈上，小戶家家弄管弦。」（〈不忍池晚遊詩〉）

記：日中兩國，強弱、富貧的分際，從平民日常生活即可觀察出來了。

黃：「唐宋以前原舊好，弟兄之政況同仇，如何甌脫區區地；竟有違

言為小球。」（〈留別日本諸君子〉）

記：一八七九年，日本吞併我琉球，改為沖繩縣，同文同種兄弟之邦的中日兩國終不免干戈以對。

黃：這是我使日五年終日憂心忡忡的事兒，後來果不其然的，為了朝鮮半島發生了中日甲午之戰。

記：您出使日本五年，有何心得？

黃：基於中日兄弟之邦，來日初衷，原想「連橫」日本以抗衡歐西各國；等到了日本，方知日本正欲踵西方帝國主義的足跡，「合縱」以侵略中國為能事。

記：您將何以為對？

黃：「百無一用是書生」乃自古名言，我駐日本兩年，稍稍習其文，讀其書，交其友，搜集資料，乃撰《日本國志》一書，以供當道採擇。

記：其結果當然是不了了之，在中國，當官的向來不讀書，而讀書的人卻又當不了官。

四、升任金山總領事

黃：光緒八年（西元一八八二年），我奉調舊金山總領事，隨即由日本赴美履新。

記：恭喜您啊！才四年時間，就由三等秘書升任總幹事，簡直是坐直升機，直上雲霄嘛！

黃：It's easy get and easy lose.

記：怎麼說？

黃：我原先對美國有極好的印象。

記：此印象何由而來？

黃：從美國建國史來的。華盛頓（George Washington, 1732-1799）不忍見美國之苛政，遂領導居民以無比毅力與決心鬥爭八年，建一民主共和國。以公理、正義治其國，不侵他國之土地，不擾他國之人民……

記：是嗎？

黃：當我到達舊金山，親眼所見的實際情形全不是那回事。簡直是個「醜惡的美國人」，毫無法律秩序。

記：有這麼嚴重嗎？

黃：中國有六萬的勞工在加州……

記：他們從事於築鐵路、開礦、墾荒、服務業……對美國的現代化貢獻十分大。就算沒有功勞，也有苦勞，更有從太平洋彼岸飄流來的「疲勞」。

黃：正逢一八七〇年代的經濟衰退，造成本地勞工的失業，於是我們這勤奮、耐勞、價廉物美的「華勞」，不斷的遭人謀殺、槍劫、縱火……最後竟然演成一八八二年的「禁華工法案」（Chinese Exclusion Act）。

記：這喪權辱國的排華案是誰訂的？在美的二十萬華僑全成了被驅逐的對象。

黃：「嗚呼民何辜，值此國運剝。軒轅五千年，到今國極弱。鬼蜮實難測，魑魅乃不若。豈謂人非人，竟作異類虐，茫茫六合內，何處足可託。誰知糊塗相，公然閉眼喏。」（〈逐客篇〉）

記：宰相李鴻章拉的屎，要您這個外交總領事去擦屁股。

黃：使我身心受盡煎熬，自尊心也受盡屈辱與挫折，眼不見為淨，我於光緒十一年（西元一八八五年）請解舊金山總領事之任。

記：您是這樣的不負責任，放下擔子就跑！

黃：已不是責任不責任的問題，在那一片華工受苦受難的鬼域地方，總領事有如僑胞的父母官，任何有良心的人都會看不下去，當看不下去又無能為力時，我只好去職。

記：您以為換個人會做得更好？

黃：別的外交官無視於事實的存在，閉著眼睛在冷氣辦公室中繼續做他的內交——接待民意代表，安排頭頭們「過境」、「參訪」、「談話」、「演說」……那是他家的事兒！

記：這下您豈不失業了！

黃：從光緒十一至十四年（西元一八八五～一八八八年）四年之中，我蟄居家鄉，全力專心撰寫我的《日本國志》，這是我一生最重要的志業。

記：那是本怎麼樣的書？是本介紹日本歷史的作品？

黃：藉日本史之鋪陳，以提供中國政治變革之借鏡。正是：「湖海歸來氣未除，夏天熱血幾時攄；〈千愁鑑〉借〈吾妻鏡〉，四壁圖懸人境廬，改制世方尊白統，罪言我竊比黃書，頻年風雨雞鳴夕，灑淚挑燈自捲

舒。」（〈日本國志書成誌感〉）

記：在「孤臣無力可回天」的境況下，您只好書空咄咄以抒懷……

黃：我於光緒十四年（西元一八八八年）書成之日，持書入京，獻之於「總理衙門」（即今之外交部）。

記：受到外交當局的重視？

黃：未受重視，加以刊行；直到十六年（西元一八九〇年）我斥資自費在廣東出版。

記：大銷特銷嗎？

黃：除了送人之外，賣也賣不掉，落得血本無歸，直到光緒二十一年（西元一八九五年）甲午戰敗，訂立馬關條約，我的書才受到朝野的重視。

記：中國人啊！你永遠吃後悔藥！一個因循苟且不知長進的民族。

黃：我為這本《日本國志》的寫作，前後兩次放棄外放的機會。

記：是哪兩次？

黃：光緒十二年張蔭桓使美，力邀我返舊金山原任，我當然不會吃「回頭草」，其後兩廣總督張之洞命我巡察南洋諸島，我乃以撰《日本國

志》婉拒。

五、出使英倫，震懾萬千

黃：光緒十六年（西元一八九〇年）三月四日，我以二等參贊銜隨同薛福成出使英、法、義、比四國。

記：這一路航海西行兩個月，是否有所感觸？

黃：「高下連綿擁百城，一江直溯到昆明，可憐百萬提封地，不敵彈丸一砲聲。」

記：可歎大好越南錦繡河山，法軍僅僅鳴炮數聲，就忙著割地賠款，哀哉！悲哉！

黃：弱國既無國防亦無外交，只有死路一條。

記：歷史永遠重演，明知力不如人，卻又挾美日帝國主義以自雄，「草螟仔弄雞公」！鋌而走險，放著兩會（陸委會與海基會）不運作，等到飛彈萬箭齊發，欲哭都無淚。

黃：利用民粹主義空喊「爽」，最後倒楣的還不是老百姓！

記：到達倫敦，見到了「日不落帝國」的雄風。

黃：在倫敦溫莎堡 Windsor castle 看見了維多利亞女皇，並於四月初二晚參加白金漢宮的盛大宮廷舞會。

記：使您大大開了眼界。

黃：也使我的自尊心大大的受到損傷。

記：怎麼說？

黃：「……堂堂大國稱支那，文物久冠亞細亞。流沙被德廣所及，卻特威加蔑以及……」

記：懾服四夷，號稱中國，然而強中卻有強中手。

黃：「宋明諸儒騖虛論，徒詡漢大誇皇華；古今事變奇到此，彼已不知寧勿恥。」

記：到如今事過境遷，我們不知己亦不知彼，還做其夜郎自大夢。

黃：「持被入直語不休，勸君不騁四方志」。

記：不知長進的官僚們以及徒託空言的「學者們」，還在那兒大言不慚，要與之決戰，他們應該實地去觀察一番才對；by the way，您在駐英這一年五個多月的外交生涯，並不愉快。

黃：我只從事下行公文批劄及例行公牘。

記：顯然的，您並不為長官薛公使所器重，這下您的前程會受到影響！

黃：我出仕的最高原則是：「有所為，有所不為，無所求，無所不求」。

記：怎麼說呢？

黃：長官器重我，為國家多做點事，造福百姓固為所願，長官把我打入冷宮，我寫寫詩，做做學問更是我所願，我才不會像屈原那樣……

記：文人失意，狂歌號哭，最後自沉殉國。

黃：我也免不了「憤時勢之不可為，感身世之不遇」，有〈鬱鬱〉之作：「鬱鬱久居此，依依長傍人；梨花今夜雨，燕子隔年春。門掩官何冷，燈孤僕亦親；車聲震牆外，滾滾盡紅塵。」

記：顯現出「弱國無外交」的困境，大有孤燈隻影，不勝鬱鬱之感。那麼您們是否「以外交之職辦內交之務」？

黃：怎麼個以「外交」之職辦「內交」之務？

記：您閒著也是閒著，何不趁著總統、副總統進行「度假外交」，「破冰參訪」之際，進行利益輸送，交換落地過境等情事？

黃：還有這樣的「外交」，我聞所未聞！那時候的光緒皇上以及太后、皇后從不出國，也許是她們綁小腳，不良於行。

記：可以坐著輪椅或是抬著擔架「走」出去啊！要不然忙著接待國策顧問、立委、議員等高官貴人出國「考察」、「研究」啊！

黃：那時候，那有這些勞什子的「民王」（民主沒有頭）的蝕米官員？

記：難怪您會感到無聊、鬱卒。

六、再使新加坡，遺民血淚漣

黃：光緒十七年（西元一八九一年）七月，我奉調為新加坡第一任總領事。

記：這下您獨當一面，加上您素有強烈的企圖心與愛國心，足可大展鴻圖一番。

黃：「天到珠崖盡，波濤勢欲奔，地猶中國海，人喚九邊門。南北天難限，東西帝並尊，萬山排戟險，嗟爾故雄藩。」（〈新加坡雜誌一〉）

記：新加坡雖孤懸海外，為英國海峽殖民地，但華人占十之七八，猶

如我海外屏藩之地，您要在那兒與英帝國一爭雄長？

黃：對！我上奏總理衙門同意我註冊登記所有往來於麻六甲海峽的華民商船；其次我簽發當地華人，人手一分「中國護照」，讓他們方便返國探親。

記：要為當地華人謀最大的福利！

黃：結果引起殖民地政府以及殖民地「華人保衛司」官員的強烈抗議，只好不了了之。

記：後來您又有什麼點子？

黃：一八九三年奉命為天津「籌賑局」向華人、華僑勸募救災基金。

記：捐得到錢嗎？

黃：由於華人心向祖國，加上我的人脈網絡，並在當地華文報紙《蓮報》刊登大幅廣告進行勸募，華僑界十分踴躍輸將。

記：不引起人家抗議才怪！

黃：您怎麼知道的？

記：你撈錢撈過界了還說！

黃：不祇是引起強烈抗議，還從此斷送了我的外交生涯！

記：怎麼說？

黃：後來我被政府發布為駐德大臣！

記：大清帝國駐德意志國大臣吧！

黃：德方竟因「挪用賑款」之傳聞，拒絕同意我使德。

記：國際上竟然有這等「不禮貌」的行為。

黃：此話暫且擱下，回頭再說！我任新加坡總領事的第二年，即染瘧疾，忽冷忽熱的常常發作，不得已常到各地華僑山莊借住，藉以療養病體。

記：您到過那些地方？

黃：檳榔嶼、麻六甲、白蠟……等地都去過，得七言絕句十七首。

記：使您更深入的瞭解僑情、僑怨，以作為日後辦外交的張本。

黃：「海色蒼茫夜氣微，一痕涼月入柴扉；獲行對影時言笑，排日量腰較瘦肥。平地風波聽受慣，頻年哀樂事心違；笠簷蓑袂桄榔杖，何日東坡遂北歸。」

記：夜色茫茫，深月窺人，加上為瘧所困，倍感孤清，在「頻年哀樂事心違」之下，有效東坡北歸之想。

黃：我於光緒二十年（西元一八九四年）十一月自新加坡解任回國。

記：這下您豈不成了「二度失業」！

黃：還好啦！時任兩江總督的張之洞召我至江寧，委我為「江寧洋務總辦」，與法、日各國交涉五省教案與杭州、蘇州等通商口岸章程。

記：您在會談中，一定為國家爭回不少的權益？

黃：但會商的結果往往不為日本、法國政府所認可，在外交的壓力下，政府往往屈就了事。

記：這就是弱國無外交的悲哀。

七、悲平壤、哭威海、哀台灣

記：在您任職新加坡的三年中，正是國內多事之秋（中日甲午之戰），您可有詩篇留下以紀實？

黃：「綿綿翼翼一字開，倏忽旋轉成渾圓，我軍瞭敵遽飛砲；一彈轟雷百人掃，一彈星流藥不爆……」（〈東溝行〉）

記：大東溝海戰，我北洋艦隊原先是「一」字隊型，見日寇以「人」字隊型成吞噬狀，於是臨時換成圓形隊伍，企圖成為大包圍圈。

黃：其結果造成了茫無目標，盲目射擊，焉得不敗！

記：更荒唐的是，平日疏於操練，砲彈出管的後座力，竟然橫掃船上百餘人。

黃：沒想到發出去的竟然是未爆彈！

記：這跟國軍（漢光）陸海空大演習，魚雷跑到陸地未爆，是一樣的「天方夜譚」。

黃：「人言船堅不如疾，有器無人終委敵」。

記：同光新政，強調的是船堅砲利，不圖政治上、經濟上、教育上之現代化，一切仍是枉然。

黃：「船資敵，力可猶；砲資敵，我殺我。」「海與陸，不相容；敵未來，路已窮。」

記：總之，人謀不臧，予敵以可乘之機！

黃：「悲乎哉，汝全台；昨日忠勇今何怯？萬事反覆隨轉睫……」

記：日軍自接收台灣開始，即遭台民「前仆後繼」之抵抗，達二十年之久，台民傷亡慘重，您不給予嘉勉，還對他們誤解。

黃：台灣人民為了愛國保鄉，所付出的代價可圈可點，足以垂萬世而

不朽；但是「台灣政府」卻太窩囊了！

記：怎麼說？

黃：當割台消息傳抵台灣，士紳丘逢甲、林朝棟等利用民粹主義登高一呼，宣布台灣獨立，成立「台灣民主國」，以示與大清帝國「一邊一國」。推選唐景崧為總統、丘逢甲為義軍總司令，劉永福為軍務幫辦，慷慨激昂的願與台灣共存亡……

記：結果呢？

黃：共和國僅維持十三天，即告瓦解。唐總統逃淡水，乘德輪落跑廈門；劉永福自安平登英輪走廈門；丘逢甲挾巨款銀票逃粵東……留下爛攤子，讓台灣人血肉模糊。

記：現在也一樣！搞公投、制新憲、倡台獨，要與祖國一邊一國……

黃：「時到時擔登」的總統、副總統坐著「空軍一號」走夏威夷，跑第一；至於李登輝又要到日本去安心臟了！

記：唉！歷史的悲劇永遠重演，主角各領風騷三、五年，倒楣的是苦難的老百姓……

八、受知皇上、使德受阻

黃：光緒二十二年（西元一八九六年）九月，南方涉外事件告一段落，我奉旨入覲皇上。

記：皇上為什麼特別召見您？

黃：可能因為幫張之洞辦洋務有功，特推薦給皇上，另有任用。

記：召見時，德宗一定會問：「泰西政治何以勝中國？」

黃：我對以：「泰西之強悉由變法，臣在倫敦聞父老言，百年以前，尚不如中華。」

記：德宗求治心切，聞言一定甚感驚訝與興趣的。

黃：我隨即呈上《日本雜事詩》一冊，交由張蔭桓轉呈，三天後我被發表為駐德大臣。

記：您得到皇上青睞，從此一帆風順踏入外交坦途？

黃：那曉得德國政府當局竟然拒絕同意我使德。

記：憑什麼不同意？

黃：表面上的理由是我在新加坡任內「挪用賑款」，實際上是牽涉到

「三國干涉還遼」事件的餘波……

記：怎麼說？

黃：光緒二十一年（西元一八九五年）訂立馬關條約，原先議定割台澎、遼東半島予日……

記：結果引起俄、德、法三國干涉還遼。

黃：其理由是日本占據遼東半島會威脅中國國都，危害韓國獨立，將破壞遠東之和平。

記：說的也是！義正辭嚴，冠冕堂皇。

黃：其實，三國各懷鬼胎，莫不想趁中日之戰，清國新敗之餘，渾水摸魚，乘機向中國索取報酬。

記：所謂「黃鼠狼給雞拜年」不安好心。

黃：俄國要租旅、大，東清鐵路，經營東北三省；法國要租廣州灣，從越南築鐵路至昆明，經營兩廣、雲南三省。

記：德國呢？

黃：租膠州灣，築膠清鐵路，企圖經營山東半島。

記：您使德之被拒，其目的在於迫使清廷同意山東半島為其勢力範園。那您夠衰了。

黃：這叫作「項莊舞劍，意在沛公」，我不過是個替死鬼罷了！有詩為證：「傳書杳杳飛鸞青，背盟絕客出何經？更索鉅島屯飛舲；蛙蛤相呼只取鬧，蛟螭攫人先染腥。」（〈呈樵野尚書文〉）

記：此情何以堪？

九、戊戌政變，險遭不測

黃：光緒二十四年（西元一八九八年）四月，德宗詔定國是，決意變法，傳講學士徐致清推舉通曉時務人才，康有為、黃遵憲、譚嗣同、張元濟、梁啟超等五人於德宗，隨即諭令引見。

記：原來您才是戊戌維新變法五巨頭之一。

黃：當時我因抱病，不克入覲。

記：這反倒救了您一命。

黃：誰說不是呢？隨即我奉旨以三等京堂出使日本。

記：京堂是三品大員耶！

黃：詔書三下，不得已抱病登程，至上海候輪，孰知病情加重，於

「上海洋務局公所」養病，被上海道派兵重重包圍，達三日之久……

記：他們原也想置您於死地！

黃：由於外人的干涉，以及京中慶親王奕劻及袁昶等人的幫忙，才倖免於難。八月二十六日得旨放歸。

記：那年您才五十一歲，已看盡大清王朝的氣數，引退也好，從此管他娘的「國事、天下事」，把自個兒的「家事」弄好再說。

黃：但我還是不能忘情於國運更新、民富國強之初願；有詩為證：「未知王母行籌樂，歲歲添壽到幾何？」

記：巴望慈禧老太婆早死早好，俾舊勢力樹倒猢猻散，中國方有再造之希望。

黃：坦白說，這時我已從改良主義逐漸演變為革命主義了。我曾寫信給梁啟超：「再閱數年，加富爾變馬志尼，吾亦不敢知也，公忍待之。」

記：就在您去世的那年（西元一九〇五年），中國的馬志尼——孫中山先生到達日本橫濱，組織「興中會」，成立第一個革命團體，最後完成了「推翻滿清，建立民國」。憂國詩人！您安息吧！

橫眉冷對千夫指‧俯首甘為孺子牛
～魯迅訪問記～

人說：「十個文人九個怪。」那麼魯迅這個人，可說是中國文壇的怪中之怪了。

他老是身穿灰青長衫一件，褪了色的破皮鞋一雙，黃黑帶白的「周」字臉上，配著一頭「怒」髮衝冠；濃黑的「一」字鬍下，永遠咬著一根煙嘴，活像個十年「鴉片痨鬼」似的，卻又配上一對橫眉冷眼、炯炯有神的怒目，像是一眼要看透這芸芸眾生世界似的，又像是跟誰有九世之仇似的。

他長得人怪不說，性情也怪，文章更怪；一生行事、為人處世，常在傲慢與孤僻中還帶點「玩世不恭」。魯迅的代表作〈阿Q正傳〉，藉刻劃一個鄉下無賴漢之能事，影射出中國民族普遍的劣根性。「它」打動了每一個中國人的心房；「它」痛擊了每一個中

國人的自尊；「它」不單單叫人發笑，更在大笑、狂笑之餘，內心深處淌下心酸淚！

魯迅進過江南水師學堂，幹過海軍、攀過幾回桅桿；只覺得「高處不勝寒」之餘，眼前但見前途一片茫茫。讀過礦務鐵路學堂，下過幾次礦坑；除了眼前被「烏煙瘴氣」包圍外，更未掘得銅、鐵、錫，更遑論金、銀礦。正於「上窮碧落下黃泉，兩處茫茫皆不見」的當兒，他進入日本「仙台醫學專門學校」就讀，他企圖以現代的醫學知識與技術，來拯救這個既「病」又「弱」的古老落後民族。

當他看完一部日俄兩國在中國東北地方作戰（日俄戰爭）的時事影片時，他發覺這個古老民族，不祇是「貧」、「弱」與「病」而已，還外加「私」與「愚」。他發願要以鋒利如梭之筆改變整個民族的精神。

〈阿Q正傳〉是魯迅的代表作，阿Q也正代表了魯迅的一生。魯迅晚年坐上了「左翼作家同盟」文壇的交椅，他成了中國的「伏爾泰」。伏爾泰（Voltaire, 1694-1778）的《憨第德》（Candide）點燃了法國大革命之火；同樣地魯迅也以〈彷徨〉、〈吶喊〉、〈阿Q正傳〉點燃了中國無產階級革命之火。

是他投靠了中國共產黨？還是中國共產黨向他投降了？魯迅有話要說！

一、破落之家，才子之士

記：魯迅先生，您好，請接受《國文天地》記者的訪問，來個「話當年」如何？

魯：我姓周名樹人，幼名樟壽，字豫才；「魯迅」是我寫文章的筆名。浙江紹興人。下有二弟，分別名為作人、建人；另有一個妹妹小名「瑞」，介於兩個弟弟之間，不過未滿一歲便去世了，還有一個四弟，小名「春」，學名椿壽，六歲便死了。

記：紹興周家三兄弟：兩個文學家、一個科學家。各領風騷數十年，在中國近代史上也是個異數。

魯：我家原先有四、五十畝水田……

記：在魚米之鄉的江南可以過很富裕的生活。

魯：就在我十三歲那年，光緒十九年（西元一八九三年），我家發生重大變故，弄得幾乎什麼都沒有了。

記：是戰爭？是SARS瘟疫？或是登革熱？口蹄疫？還是「藍綠對峙」……？

魯：我祖父介孚公，原是翰林院編修，外放江西金谿縣……

記：當了縣太爺，集行政、立法、司法三權於一身，大權在握，好不得意？

魯：他與撫台不和，鬧了彆扭，又回北京考取內閣中書，任了京官，那年「癸巳」（一八九三年）大考，他正丁憂告假在鄉。

記：丁憂在家，正好卸下仔肩，輕鬆一番！

魯：他為了幾個親戚、朋友的後生，到主考官殷如璋、周錫恩處通關節……

記：怎麼個通關節法？

魯：我祖父以拜訪「同年」之誼，叫個鄉下跟班人叫徐福的，為幾個出錢的學子，送了一萬兩銀子的期票，給主考官。

記：以「程儀」名義，送分見面禮。當主人的收到信，不即拆看，先擱下了，打發送信人回去，就這樣神不知鬼不覺的完成了一項「交易」多好！

魯：那曉得送信的二爺徐福是個鄉下人，不懂「行規」，竟然嚷了起來，說：「裡邊有錢，怎麼不給收條呢？」

記：如此這般未見「東窗」，便已事發，實在冤枉！

魯：案子移送到江蘇巡撫那裡，交予蘇州府辦理。我祖介孚公知道事情不能躲藏，只好去自首，以「通關節」未遂犯，關在杭州監獄。

記：當時雖然賄賂公行，但對考試案的「通關節」，可是要興大獄的，是唯一死罪。

魯：但是未遂犯又不便「立斬決」。就這樣一年一年的拖，每年到「秋決」時期，就得花一大筆銀子，到京中去向刑部「消災」，直到辛丑年（西元一九〇一年），慈禧太后因召八國聯軍之役，以光緒皇帝名義，下詔罪己，大赦天下，才得出獄回家。

記：就這樣在七年中，年年花銀子向刑部「消災」，有再多的家產也都會敗光。

魯：更嚴重的是，我父伯宜先生就在我祖父出事的癸巳年（西元一八

九三年）得了一種「吐狂血」的病，拖了四年，直到丙申年（西元一八九六年）也去世了。

記：真所謂福無雙至，禍不單行。

魯：我祖父出事的那年，我們全家先寄食於外婆魯老太的娘家，一年後因父病加重，只好回到紹興老家……

記：在祖父監禁與父親生病的雙重壓力下，這日子是如何過的？

魯：雖然才只十三歲，但身為長男的我，幾乎經常出入於當鋪和藥鋪之間……

記：怎麼說呢？

魯：先到比我的身高高一倍的當鋪櫃台外送上衣服、首飾等物，在侮蔑的冷光中接了錢，再到與身高一樣高的藥鋪櫃台為我久病的父親拿藥……

記：這「吐狂血」是種什麼病？

魯：我們起先以為是肺結核，後來才知道是「胃潰瘍」。

記：何以知道？

魯：因為他每次吐的血是紫黑色的，而非鮮紅色的！

記：都服些什麼藥？

魯：冬天的蘆根、經霜三年的甘蔗以及原配的蟋蟀……

記：那比「千年瓦上霜，萬年塵壁土」還要難得。

魯：使我漸漸領悟到：中醫，不過是一種有意的或無意的騙子而已。

記：您不怕遭到「中醫師同業公會」撒冥紙、丟雞蛋的抗議，這也是您以後到日本仙台醫專學西醫的動機。

魯：想來是的。

二、窮途末路，從事洋務

魯：我父親死後，家道陷入絕境，到了無以為生的境地，我母親哭著為我籌措了八塊銀元，叫我前去南京投靠一個長輩，看看有什麼出路……

記：那長輩是幹什麼的？

魯：在江南水師學堂搞洋務！

記：您祖父沒意見？

魯：我祖父從杭州寫信來，叫我進杭州「求是書院」去讀書。

記：他人在監禁中，還這麼關心您們兄弟的前程。

魯：我們紹興人向以「書香傳家」為傲，那時子弟讀書的目的在於趕考，在於點翰林、當縣長；科考無望的才降一等去學幕，吃師爺飯；再不然就學做生意：像當鋪、錢莊、布店之類；最後才去選兩樣自由職業——醫生和教書……

記：什麼叫師爺？「紹興師爺」又為什麼特別出色？

魯：大凡行政官吏，初分「政務」與「事務」兩大類：所謂「政務官」在當時為考試及格或受委派的縣長、知府、知州等擺在「面上」的官……

記：至於「幕」後實際操作的叫「吏」，則是事務官。

魯：這幕後運作的團體叫「幕府」、「幕僚」；個人則統稱為「幕友」，尊稱為「師爺」。

記：它是科考落第者敗部復活的另一種「出仕」方式。

魯：幕府之中又分「刑名」、「書啟」、「錢穀」等三大專業。

記：刑名顯然是法律顧問；書啟便是人事、秘書人才；錢穀則是主計，財政人員。

魯：他們進而包攬訴訟、規避刑法；八行文書、打通關節；搶標、圍標、通吃工程。「肥灼灼、油水水」之餘，形成了一種政治集團。

記：久而久之便成了一種特殊階級；它到底起自何時？

魯：這幕府制度古已有之，只是於今為烈就是了。東漢末年王充所著《論衡》一書就已提到，甚而後來傳到日本。

記：那紹興師爺又如何的如火燎原，形成一種特殊「氣候」？

魯：這與蒙古入主中原有關。

記：是他們從歐洲帶進來的？

魯：那倒不是，你知道蒙古人個個都是馬上英雄，游牧豪傑……

記：可以馬上得天下，卻不能馬上治天下，有的甚至連斗大的漢字也識不了一石。

魯：主持政務的蒙古官員，只是蓋印、畫行的橡皮圖章而已！這種制度形成於元朝，風行於明清，直到民初……別忘了，滿洲人也是馬上高手，馬下侏儒……

記：就如同「政權輪替」下的「眠金黨」一樣，他們搞運動、拚選舉是一級棒的「當紅炸子雞」；至於經國、濟民、抗SARS，則是一等一的大白癡。

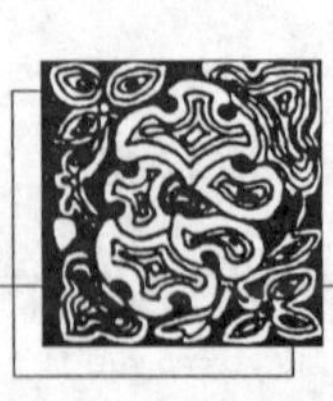

魯：我到南京就學江南水師學堂，讀「機關科」，混洋務，在我們紹興人傳統眼光看來，已是窮途末路了。

記：您這洋務一途，比之誤人子弟的「猴子王」教書匠和「有意、無意的騙子中醫」還沒出息。

魯：我們紹興人堅持「好鐵不打釘、好男不當兵」的理念——當「洋兵」，其人更是不足道也！

記：還好您進了這個不足道的行業，才改變了個人，也改變了整個中國。

三、學海、學陸不成，去而留洋

魯：到了南京，靠著一個長輩的關係，進了免交學雜費、有吃有住、還有零用錢可領的「江南水師學堂」。

記：就像當年我進了「省力、花錢、吃飯、睡覺」（省立花蓮師範學校），改變了我一生的命運一樣。

魯：我在水師學堂讀了一年，也爬了幾次桅桿；次年便考入「江南陸軍學堂附設鐵路礦務學堂」。

記：學「海」不成棄而學「陸」，為什麼？

魯：逢「戊戌政變」，太后再度垂簾聽政，盡去新法、新政、新學，我們這所一星期讀五天洋文的「夷務學校」當然受到波及，人事上搞得「烏煙瘴氣」，弄得不中不西、不洋不土的，深感「洋務茫茫」，只好轉學……

記：這下這一年您全白費了！

魯：那倒不見得，看了很多的翻譯書，像《天演論》、《茶花女》、《天方夜譚》、《時務報》、《譯學彙編》等，接受了外來文化，開拓了思想、文藝的境界。

記：那「礦物學堂」呢？

魯：以開礦為主，造鐵路為副，全部用漢文教學，三年畢業……

記：畢業以後即從事「地下工作」——開礦！

魯：聽了三年課，下了幾回礦坑，既不能掘出金、銀，也未能挖出銅、鐵、錫……

記：有著「上窮碧落下黃泉，兩處茫茫皆不見」的感慨！

魯：這個礦務學堂又因為「辛丑和約」中「限制中國軍備」款項，禁止兵器彈藥與製造兵器彈藥之材料進口而停辦。

記：只辦了您們這一屆！

魯：更有「前無古人，後無來者」之感，一想到國人的「病」與「弱」，再想到父親因庸醫的死，我決定到日本學醫，做個華佗再世；平日裡救治像我父親似的被誤醫的病人；戰時則去當軍醫。

記：為什麼會有這個想法？

魯：我相信「科學救國」的話，尤其醫學能把一個既「病」又「弱」的古老民族，從根救起，從黑暗愚昧中喚醒過來！

記：這次您真的「投入」了。

魯：我懷著滿腔的熱情與熱血，全心全力的投入，刻苦的學習，我得到非常好的成績，以至於得到「解剖學」教授藤野嚴九郎先生特殊的照顧，願把解剖的獨門絕活傳授於我。

記：您是該校唯一的中國學生？有沒有引起日本學生的嫉妒？日本人很小心眼的。

魯：那自是免不了的！藤野叫我把上課的筆記給他看。

記：他打個勾便 hand out 了。

魯：當我打開筆記看時，除了吃驚外，還感到一種不安和感激……

記：他給您一百分？

魯：講義從頭到尾都用紅筆添改過了，不但增添了許多脫漏的地方，連文法的錯誤也都一一訂正。

記：您在醫專讀了幾年？

魯：兩年之中，藤野教授了骨學、血管學、神經學以及解剖實習、局部解剖……

記：您已是他的「入門弟子」了，他把一切希望全寄託在您這個「傳人」的身上。

魯：他原先還怕我不肯上「解剖實習」，這下可大大的放心了。

記：為何有這顧慮？

魯：由於中國人敬祖、怕鬼神；怕在「大體解剖」上動刀！

記：您可望成為一位名醫！

四、棄醫從文．救我民族

魯：有一天，上完細菌學的影片後，接著放映一部日俄戰爭的時事片……

記：日俄戰爭卻在中國土地上打的……

魯：畫面上疊映出一個替俄國人蒐集情報的中國人，被日軍捉了，正要砍頭示眾時……

記：這種鏡頭稀鬆平常得很，中國人夾在狼虎之間，自然有「豬八戒照鏡，裡外不是人」的尷尬。

魯：影片中圍觀的中國人，竟然爭著欣賞人頭落地、鮮血噴湧的場面；更令人憤怒的是，連看影片的人也鼓掌、叫好、喊「萬歲」。

記：您一定有很深的感觸，有如心臟被刺一刀般的痛苦。

魯：這樣一個麻木不仁的民族，就算醫療發達，有了健壯的身體，也不能喚醒他們「醉生夢死」的靈魂。

記：您也未免想得太多了，而且您究竟只是一個人，您能做多大的事業？

魯：醫生只能醫療個別的軀體，卻不能挽救群眾的心智！

記：您又要改行了？

魯：我決定放棄學醫，聯絡了幾個朋友，回國從事新文藝創作，我要藉著文學的力量喚起民眾。

記：那您怎麼對藤野醫師交代呢？

魯：我告訴他，我將不再學醫，離開仙台去學生物。

記：藤野豈不是十分失望。

魯：他的臉色彷彿有些悲哀，似乎想說些什麼，卻一句話也沒有說。

記：因為生物學究竟是醫學的「上游科學」，亦即基礎學科，所以他不便反對。

魯：只是淡淡的歎道：「為醫學而教的解剖學之類的課程，恐怕對生物學也沒什麼幫助。」

五、辦雜誌、出書刊．血本無歸

魯：我和二弟作人，首先從日文資料中搜求歐洲各弱小民族——尤其是巴爾幹、印度、埃及諸國的文學作品，將之譯成中文；其次我們辦雜

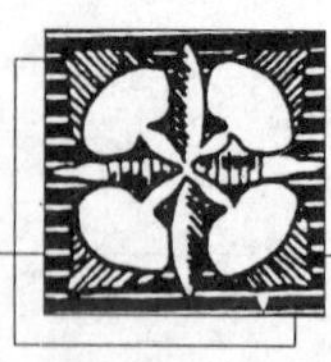

誌……

記：行得通嗎？我知道：「大凡您要找誰的麻煩，就儘量叫他辦雜誌、娶小老婆。」

魯：我倆計畫先譯些通俗、找「叫好的」書來賣錢，然後賠錢介紹「叫座的」文學，最後再辦雜誌。

記：It's easy to know, but hard to do!

魯：果如你所料，我們辦了個雜誌名叫《新生》……

記：師但丁之意，含有文藝復興運動之義。

魯：我們文章有了，封面插畫也有了，「希望」之名也有了……

記：就是沒有經費！就是有經費印雜誌，也發行不出去……

魯：都一一被你說中……

記：那「譯書」呢？

魯：我們拼拼湊湊的出了兩冊《域外小說集》。第一冊印了一千本，第二冊才印了五百本，分別在東京、上海兩地上架，希望待得賣回本錢，再印第三、第四……以至於第n冊。

記：雜誌的「賣相」如何？

魯：半年後，在東京處結帳：第一冊賣了二十一本；第二冊賣了二十本；以後再也沒人買了。

記：那上海方面呢？

魯：大概也是一、二十本的「業績」，讓我們慚愧到連去結帳的勇氣都沒有。

記：辦雜誌、出書刊，自以為才「起頭」，想不到卻已「結束」了。

魯：等到血本無歸時，才知道做文化事業必須：(1)學問見識；(2)朋友人脈；(3)工夫、時間；(4)資本；(5)讀者。五者缺一不可。

記：您們前四項固然幾乎全無；至於讀者，尤其是文藝讀者，更不知在那個天涯海角……敗得莫名其妙！

魯：走投無路之餘，只好回國。

記：祖國有如慈母般，永遠張開雙臂，歡迎飄泊、流浪的遊子回到她的懷抱！可是祖國也只是「精神上」的歡迎，可有位子讓您們「卡」嗎？

六、政黨輪替・任職學部

魯：是時正好民國成立，紹興光復……

記：趁「政黨輪替」之際，只要是從外國喝過洋墨水的，不管是日本的黑墨水、美國的藍墨水、法國的「黃」墨水……甚至日後俄國的「紅」墨水，都可從「舊官僚」的體系中奪得位子。

魯：我做了紹興師範學校的校長，不久又應教育總長蔡元培之召，到教育部任部員、科長、僉事，公餘之暇，還在北大、北師大、女師大兼課。

記：赫！這麼離譜！您上過船、下過坑、學機械、學解剖……看似很有學問，很有見解；但究竟您連「二專」畢業的學資都沒有，怎麼可以在北大、北師大等一流大學開課。

魯：反正「政權轉移」豬羊變色，豬頭變人頭，豬腦變電腦；「扁」的變圓的，短的也成「長」的……

記：莫非您是同盟會的會員，才沾「革命之光」？

魯：我當然不會參加什麼勞什子的革命黨，但我們紹興人有個「光復會」……

記：那您是同盟會的外圍組織——光復會的學員嘍！

魯：我也從未參加光復會；但光復會的會員，像蔡元培、陶成章、徐錫麟、秋瑾……都是我們浙東同鄉，何況我在日本還正式拜章太炎為師，學過《說文解字》呢！

記：原來政黨輪替，還有這麼多的好處。

魯：它可使一群專家、官僚失業；使另一群不學「有」術者沐猴而冠，人五人六的拿下國家名器。

記：像您們這群豬羊變色下的「新手上任」，不把教育部跟教育界弄得烏煙瘴氣才怪。

魯：說的也是，一會兒是北大的「五四運動」燒房子、圍議會、罷課、罷教……；再一陣子是北師大的趕走校長楊蔭榆事件；再不然就是教育總長章士釗買通流氓，打教授、毆學生……

記：反正什麼怪現象都出現了！「民國、冥國」見所未見，聞所未聞，您都躬逢其盛了。

七、學官雙棲．心有矛盾

魯：這時我倒有些徘徊了，到底做官好呢？教書好呢？還是做學問好呢？

記：做官要冷靜、冷漠，要麻木不仁；教書則要熱心，要熱情洋溢；做學問則要耐得住寂寞，不食人間煙火，不管世間閒事。

魯：那時候我三管齊下：在教育部任僉事（文書幕僚）；在三所大學教書；一面又研究古碑的抄本，內心矛盾得很。

記：您這一輩子，敗就敗在自己不知道要什麼、做什麼，每每到處湊熱鬧，用熱臉去貼人家的冷屁股。

魯：有天，錢玄同到「紹興會館」來看我……

記：誰是錢玄同？

魯：「金心異」一是他的別名；他跟黃侃是章太炎的兩大再傳弟子：前者是新學；後者是舊學。我也是章的學生，鑽研古碑。

記：您們常見面，很談得來？

魯：那是當然的啦。我們不但是同門弟子，而且還同樣具有對傳統文化的叛逆心。

記：他對您的「古碑抄本」很有興趣？

魯：他看了我辛苦研究的古碑抄本，忽然問我：「你抄了這些有什麼用？」我說：「沒有什麼用！」他又說：「那麼你抄它是什麼意思？」我說：「沒有什麼意思！」

記：錢玄同的腦筋有沒有「秀逗」？他不曉得您在做「量化研究」的學術論文？虧他還當教授呢！

魯：接著他又說：「就如一間鐵皮屋子，是絕無窗戶而萬難破毀的，裡面有許多熟睡的人們，不久都要悶死了。」

記：這就是老子所說的：「鑿戶牖以為室，當其無，有室之用。」（《道德經．第十一章》）他要您為這鐵皮屋子開門穿戶，免得屋裡的人昏睡死滅。

魯：原來他們一夥人正在辦《新青年雜誌》，想叫我為他們寫文章。

記：「新青年」，顧名思義，是個灌輸新思想的雜誌，是用白話文寫的嗎？

魯：原來都用文言文寫的，像蘇曼殊「蝴蝶鴛鴦派」的才子佳人小

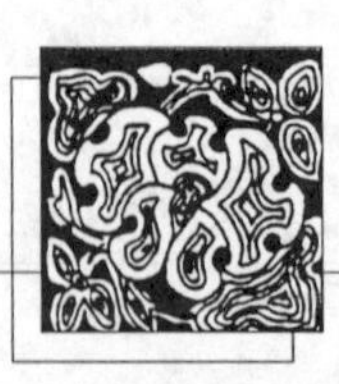

說，像胡適之的〈文學改良芻議〉、〈柏林之圍〉都是用文言文寫譯的；直到民國七年四月，我用「魯迅」的筆名寫下〈狂人日記〉，才有所謂的「白話文」這玩意兒。

八、白話文學第一人

記：意即〈狂人日記〉才是第一篇純白話體的小說。這才是中國文學史上應該大書特書的一章。

魯：不敢當！不過在當時也只有我敢寫這種石破天驚、火爆辛辣的叛逆文章。

記：因為您寧願做個野狐禪的講師，也不願做個正經八百的假面具教授；那您為什麼用魯迅這個筆名呢？

魯：《新青年》的編輯不願意有別號之類的署名，希望有個新奇出眾的筆名，我原先用過「迅行」的別號，我在前面加個「魯」字，取「愚魯而迅速」之意。

記：不止此意吧！

魯：我姓周，周、魯本是同姓，加之我母姓魯，所以特別偏愛這個

「魯」字。

記：史載周氏姬姓，周公長子伯禽封於魯，始有魯姓，這是姬、周、魯同源之證。您這個筆名，可是有典有故，「封建」得很呢！

魯：我終究是中國人嘛！總不能數典忘祖啊！

記：那您為何這麼無情的在您的作品中「掀」中國人的「底」？

魯：基本上，作為一個文人，他不但要以熱烈的「憎」，向異己者進攻；還得以熱烈的「愛」，向「死的說教者」抗戰。在這個可憐的時代裡，能殺才能「生」，能憎才能「愛」，能生與愛才能文……

記：您以「愛之深、責之切」恨鐵不成鋼的心態，大量地創作雜文與小說？

魯：民國七年，我用白話文寫了〈狂人日記〉……

記：以深刻而鋒利的文辭，諷刺並攻擊民國新社會所殘留的封建思想。

魯：民國十年，我以「巴人」的筆名，在《北平晨報》連載了〈阿Q正傳〉。

記：為什麼要用巴人二字？

魯：「陽春白雪下里巴人」，以示我這作者平凡、平實、平常。

記：結果為瘋狂的讀者所讚賞、所重視；像個重磅的原子彈投入死氣沈沈的文藝界。

魯：〈阿Q正傳〉被翻譯成英、法、德、俄、日等國文字；十二年出版《吶喊》，也為讀者所喜愛……

記：您立刻文名滿天下，紅透半邊天……

魯：從民國七年到十五年……

記：總共八年。

魯：是我創作的旺盛期。我全力在《北晨副刊》、《京報副刊》、《語絲》、《莽原》等報刊雜誌上發表散文和小品。

記：這八年之中的作品可有分野點？

魯：先期的作品，有如「公孫大娘舞長劍」，見人就殺，見頭就砍……

記：為什麼會這樣呢？

九、文化大革命任中鋒

魯：我對於「吃人的禮教」，現實的封建制度，可說到了「憤世嫉俗」的地步，恨不得要「滅此朝食」，將之趕盡殺絕！

記：後期的作品呢？

魯：有如一把晶瑩可愛、可握可親的小匕首，不再盲無目的的揮舞，而是瞄準目標後才投擲的。

記：當時各種雜誌又有何特色？

魯：《語絲》者溫文儒雅；《猛進》者慷慨激昂；《莽原》者有如原野馳騁；《獨立評論》有如穿著大棉鞋、戴著厚眼鏡的學究……

記：您們這群人為了逞一時之快，有如在文壇丟下了一個重磅的核子彈，不但要把中國，甚而想把全世界、全宇宙毀滅淨盡才甘心。

魯：有非常的破壞，然後才有非常的建設，這才是「革命」，你知道嗎？

記：不可否認的，您們在左前鋒陳獨秀、右前鋒胡適之的推波助瀾

下，正掀起了一場空前絕後的文化大革命。

魯：那我是中鋒了。

記：不錯，其後的江青及其「四人幫」則是後衛。這場文化大革命已使中華文化陷入空前的浩劫……

魯：在文化改革中，我只從事於「破」的工夫……

記：那「立」的問題又落在誰的肩上？

魯：我從未想到這個問題。

記：俗云：「惡法亦法」，在新法未建立以前，即使是惡法亦有它存在的價值；同樣地，「吃人的禮教亦是禮教」，在新禮教、新道德未建立以前，還是有它維繫社會的功能。您這一弄，豈不像孫悟空大鬧天庭一般，逞口舌、感官之快，卻置國家、民族之前提於何處？

魯：……★★★！

國家圖書館出版品預行編目資料

分合歷史：超時空人物訪談／韓廷一著, -- 初版 -- 臺北市：萬卷樓, 2004[民 93]

面； 公分

ISBN 957－739－504－X (平裝)

1. 中國－傳記

782.1 93019292

分合歷史

——超時空人物訪談

著　　者：韓廷一

發 行 人：許素真

出 版 者：萬卷樓圖書股份有限公司

臺北市羅斯福路二段 41 號 6 樓之 3

電話(02)23216565 · 23952992

傳真(02)23944113

劃撥帳號 15624015

出版登記證：新聞局局版臺業字第 5655 號

網　　址：http://www.wanjuan.com.tw

E－mail：wanjuan@tpts5.seed.net.tw

承印廠商：晟齊實業有限公司

定　　價：300 元

出版日期：2005 年 1 月初版

ISBN 957－739－504－X